中国社会科学院国情调研特大项目"精准扶贫精准脱贫百村调研"

精准扶贫精准脱贫百村调研丛书

CASE STUDIES OF TARGETED POVERTY REDUCTION AND
ALLEVIATION IN 100 VILLAGES

李培林／主编

精准扶贫精准脱贫
百村调研·王码村卷

苏北解决相对贫困实例

徐海俊　等／著

社会科学文献出版社

SOCIAL SCIENCES ACADEMIC PRESS (CHINA)

中国社会科学院国情调研特大项目
"精准扶贫精准脱贫百村调研"
项目协调办公室

主　任：王子豪
成　员：檀学文　刁鹏飞　闫　珺　田　甜　曲海燕

总　序

　　调查研究是党的优良传统和作风。在党中央领导下，中国社会科学院一贯秉持理论联系实际的学风，并具有开展国情调研的深厚传统。1988 年，中国社会科学院与全国社会科学界一起开展了百县市经济社会调查，并被列为"七五"和"八五"国家哲学社会科学重点课题，出版了《中国国情丛书——百县市经济社会调查》。1998 年，国情调研视野从中观走向微观，由国家社科基金批准百村经济社会调查"九五"重点项目，出版了《中国国情丛书——百村经济社会调查》。2006 年，中国社会科学院全面启动国情调研工作，先后组织实施了 1000 余项国情调研项目，与地方合作设立院级国情调研基地 12 个、所级国情调研基地 59 个。国情调研很好地践行了理论联系实际、实践是检验真理的唯一标准的马克思主义认识论和学风，为发挥中国社会科学院思想库和智囊团作用做出了重要贡献。

　　党的十八大以来，在全面建成小康社会目标指引下，中央提出了到 2020 年实现我国现行标准下农村贫困人口脱贫、贫困县全部"摘帽"、解决区域性整体贫困的脱贫攻坚目标。中国的减贫成就举世瞩目，如此宏大的脱贫目标世所罕见。到2020年实现全面精准脱贫是党的十九大提出的三大攻坚战之一，是重大的社会目标和政治任务，中国的贫困地区在此期间也将发生翻天覆地的变化，而变化的过程注定不会一帆风顺或云淡风轻。记录这个伟大的过程，总结解决这个世界性难题的经验，为完成这个攻坚战献计献策，是社会科学工作者应有的责任担当。

2016年，中国社会科学院根据中央做出的"打赢脱贫攻坚战"战略部署，决定设立"精准扶贫精准脱贫百村调研"国情调研特大项目，集中优势人力、物力，以精准扶贫为主题，集中两年时间，开展贫困村百村调研。"精准扶贫精准脱贫百村调研"是中国社会科学院国情调研重大工程，有统一的样本村选择标准和广泛的地域分布，有明确的调研目标和统一的调研进度安排。调研的104个样本村，西部、中部和东部地区的比例分别为57%、27%和16%，对民族地区、边境地区、片区、深度贫困地区都有专门的考虑，有望对全国贫困村有基本的代表性，对当前中国农村贫困状况和减贫、发展状况有一个横断面式的全景展示。

在以习近平同志为核心的党中央坚强领导下，党的十八大以来的中国特色社会主义实践引导中国进入中国特色社会主义新时代，我国经济社会格局正在发生深刻变化，脱贫攻坚行动顺利推进，每年实现贫困人口脱贫1000多万人，贫困人口从2012年的9899万人减少到2017年的3046万人，在较短时间内实现了贫困村面貌的巨大改观。中国社会科学院组建了一百支调研团队，动员了不少于500名科研人员的调研队伍，付出了不少于3000个工作日，用脚步、笔尖和镜头记录了百余个贫困村在近年来发生的巨大变化。

根据规划，每个贫困村子课题组不仅要为总课题组提供数据，还要撰写和出版村庄调研报告，这就是呈现在读者面前的"精准扶贫精准脱贫百村调研丛书"。为了达到了解国情的基本目的，总课题组拟定了调研提纲和问卷，要求各村调研都要执行基本的"规定动作"和因村而异的"自选动作"，了解和写出每个村的特色，写出脱贫路上的风采以及荆棘！对每部报告我们都组织了专家评审，由作者根据修改意见进行修改，直到达到出版要求。我们希望，这套丛书的出版能为脱贫攻坚大业写下浓重的一笔。

中共十九大的胜利召开，确立习近平新时代中国特色社会主义思想作为各项工作的指导思想，宣告中国特色社会主义进入新时代，中央做出了社会主要矛盾转化的重大判断。从现在起到2020年，既是全面建成小康社会的决胜期，也是迈向第二个百年奋斗目标的历史交会期。在此期间，国家强调坚决打好防范化解重大风险、精准脱贫、污染防治三大攻坚战。2018年春节前夕，习近平总书记到深度贫困的四川凉山地区考察，就打好精准脱贫攻坚战提出八条要求，并通过脱贫攻坚三年行动计划加以推进。与此同时，为应对我国乡村发展不平衡不充分尤其突出的问题，国家适时启动了乡村振兴战略，要求到2020年乡村振兴取得重要进展，做好实施乡村振兴战略与打好精准脱贫攻坚战的有机衔接。通过调研，我们也发现，很多地方已经在实际工作中将脱贫攻坚与美丽乡村建设、城乡发展一体化结合在一起开展。可以预见，贫困地区的脱贫攻坚将不再只局限于贫困户脱贫，我们有充分的信心从贫困村发展看到乡村振兴的曙光和未来。

是为序！

全国人民代表大会社会建设委员会副主任委员

中国社会科学院副院长、学部委员

2018 年 10 月

前　言

　　2013 年 11 月，习近平到湖南湘西考察时首次做出了"实事求是、因地制宜、分类指导、精准扶贫"的重要指示。2014 年 1 月，中共中央办公厅详细规划制定了精准扶贫工作模式的顶层设计，推动了"精准扶贫"思想落地。2014 年 3 月，习近平参加两会代表团审议时强调，要实施精准扶贫，瞄准扶贫对象，进行重点施策，进一步阐释了精准扶贫理念。2015 年 1 月，习近平总书记新年的首个调研地点选择了云南，总书记强调坚决打好扶贫开发攻坚战，加快民族地区经济社会发展。5 个月后，总书记来到与云南毗邻的贵州省，强调要科学谋划好"十三五"时期扶贫开发工作，确保贫困人口到 2020 年如期脱贫，并提出扶贫开发"贵在精准，重在精准，成败之举在于精准"。"精准扶贫"成为各界热议的关键词。

　　2015 年 10 月 16 日，习近平总书记在 2015 减贫与发展高层论坛上强调，中国扶贫攻坚工作实施精准扶贫方略，增加扶贫投入，出台优惠政策措施，发挥中国制度优势，注重六个精准，坚持分类施策，因人因地施策，因贫困原因施策，因贫困类型施策，发展生产脱贫一批，易地搬迁脱贫一批,生态补偿脱贫一批,发展教育脱贫一批,社会保障兜底一批,广泛动员全社会力量参与扶贫。

基于精准扶贫工作需要,为了解全国各地贫困状况、贫困产生的原因以及各地扶贫政策的差异及效果,中国社会科学院于2016年设立国情调研特大项目——精准扶贫精准脱贫百村调研。该项目计划在全国范围内选择100个具有一定代表性的自然村(贫困村)作为调研对象,完成村问卷和入户调查问卷两部分调查问卷的填写以及相应的贫困村调查报告一份。

王码村就是在这样的一个大背景下被选为贫困村调研对象。本报告基于王码村的调研情况,结合王码村所在地区的精准扶贫政策综合而成。通过该报告可以了解王码村贫困的状况、产生贫困的主要原因以及精准扶贫所采取的政策。该村在原西宋集镇党委书记范晓东及党政班子的领导下顺利实现脱贫。总结该村的脱贫措施可以收获一些经验及措施,为其他地区的脱贫致富提供示范。

一 调研过程说明

2016年12月~2019年5月,课题组成员多次赴王码村展开实地调研,获得大量的第一手资料,调研中调研团队与西宋集镇党委书记范晓东以及万镇长一道入户走访,详细了解贫困户的具体情况,填写调查问卷,在镇党委的大力支持下,调研获得了巨大的成功。整个调研大致分为四个阶段,调研组织由江南大学主持,主要参与单位有淮阴师范学院以及西宋集镇党委。调研对象涉及淮阴区区政府以及相关部门、西宋集镇镇政府、王码村村委以及入户调查的贫困户和作为对照组的非贫困户，总计入户户数70余户，涉及调研及座谈人数100余人。

第一阶段调研工作为预调研。此次调研的目的是为后期的调研进行准备工作，了解调研的对象以及寻求相关部门的配合与支持。2016年12月份，由项目组组长带队，江南大学商学院汤卫君博士和淮阴师范学院唐步龙博士组成调研小组赴西宋集镇拜会相关领导，说明来意。初次调研主要是拜会西宋集镇镇党委成员，在与范晓东书记及党委班子座谈后了解了王码村的基本情况，并确定后续调研的规划以及确定相应的调研配合人员。在这一阶段的调研中见到了王码村对口扶贫单位江苏省水利厅的扶贫第一书记李丰宁。

第二阶段的调研为2017年3月，参与人员为江南大学学生一名以及淮阴师范学院唐步龙博士。项目组本次调研的目的是了解王码村的基本村情，填写村问卷，与村委进行详细的座谈，了解村镇层面上对王码村扶贫工作的支持情况。通过镇派出所获取王码村的户籍资料以及查验建档立卡贫困户、五保户和低保户的花名册。由于户籍管理问题，户籍名单与王码村的实际人口状况存在一定的差别。与镇、村相关部门的领导座谈，安排大规模入户调研事宜，以及前期调研的物资与人力准备工作。

第三阶段调研的时间为2017年4月，参与人员为江南大学研究生2名；淮阴师范学院学生5人；带队教师

4人，分别为江南大学商学院徐海俊副教授、戴越博士、薛鹏博士与淮阴师范学院唐步龙博士。调研协助人员由西宋集镇万镇长、王码村村委书记以及各村民组组长8人组成。调研团队分成五个组，其中四组在村内进行入户走访调研，填写问卷，由戴越博士和薛鹏博士带队；另外一组由负责人带队与淮阴区扶贫办、财政局、农委、教育局等部门进行座谈，了解淮安市市政府、区政府层面的扶贫政策以及主要扶贫工作安排。在镇政府层面主要了解王码村的历史沿革、村庄合并情况、村集体的财务状况，以及镇政府层面上对王码村的扶贫工作支持计划和相关的项目引进等。同时，调研组还与驻村扶贫干部进行交流，了解对口扶贫单位对王码村的资金、技术支持情况。调研组还利用工作间隙走访了该村扶贫项目

图0-1 调研培训

（徐海俊拍摄，2017年4月）

图 0-2　入户调研，填写问卷

（徐海俊拍摄，2017 年 4 月）

基地——位于村中的瓜蒌项目、村集体养殖场、雪菜种植基地和有机稻米生产基地等，详细了解这些项目对王码村脱贫的作用与意义。

在入户调查中，采用电脑随机等距抽样的方法来确定贫困户和对照组的样本户名单。具体操作中，将 617 户农户分为贫困组与非贫困对照组，贫困组以建档立卡为依据，住户名单以派出所户籍名单为主，根据实际情况进行调整，将原始户籍排序拆分后进行随机等距抽样，同时考虑到可能会存在被访住户不在家的情况，在贫困户和非贫困户各选择 30 户的基础上通过同样的随机等距方法各抽取 15 户作为备选组。在随后的调研中发现大量的农户外出打工，存在严重的"空心村"现象，导致备选组名单不够用，最终通过临时抽样决定新的调研名单。本次调研最终完成 62 份入户问卷调查，其中贫困户 31 份，对照非贫困户 31 份，完成王码村基本情况调查表一份，问卷调研任务圆满完成。

在填写入户问卷与村问卷的同时，课题组还通过与淮阴区政府以及相关部门进行座谈，了解区级层面的扶贫政策措施。通过与教育局、财政局、扶贫办以及农委等部门负责人的座谈交流，了解了财政部门对于精准扶贫的资金支持力度及方向，教育扶贫、金融扶贫的具体举措及实施效果，也了解了淮安市市级层面的"阳光扶贫"工程的政策：通过财政供养人员与贫困户结对子的办法，一对一地针对每个贫困户致贫原因进行有针对性的帮扶脱贫，真正实现"精准识别、精准扶贫"。

第四阶段为补充调研阶段，本阶段调研开始于2019年4月底。由于政府部门换届，原有调研配合人员工作转换，补充调研计划延迟。2018年，王码村在原西宋集镇镇党委书记范晓东的带领下，通过积极壮大集体经济，盘活

图 0-3 与原西宋集镇党委书记和王码村村支书进行座谈

（戴越拍摄，2017年4月）

村集体的土地资产，引进瓜蒌项目、雪菜深加工项目、有机稻谷项目、大型养猪场等项目，在江苏省省定贫困线标准下成功实现脱贫。2020年8月，课题组为获得具体案例，再次来到王码村，与选择的脱贫对象、村干部以及镇党委书记等人进行一对一的访谈和座谈。

补充调研的目的一方面是对上一次大规模入户调研中存在的一些问题进行进一步核实，同时了解各级政府扶贫政策的变化以及这些政策实施的效果。通过与区、镇、村的各级部门座谈来了解目前的扶贫政策变化和新政策的特点，以及通过典型案例和区级、镇级数据的变化来说明政策的效果，并设计入户访谈提纲，通过与贫困户进行交流来证实这些脱贫政策的效果，通过让贫困户讲述自身生活和收入水平的变化来说明政府扶贫政策的效果。

另外一方面，通过对王码村集体项目进行更深入的考察，来了解原西宋集镇党委书记范晓东的脱贫设想是否实现。范书记常年工作在基层，对于扶贫工作有较为深刻的理解，对每个贫困村的状况了如指掌。他针对辖区内的贫困现状结合习总书记精准扶贫的思想提出自己具体的扶贫设想。与中西部地区自然资源匮乏、劳动力缺乏流动、教育资源不足、地区经济不发达导致贫困相比，王码村地处经济发达的江苏省，具有较多的就业机会。虽然人均耕地较少，但发达的地区经济和雄厚的政府财政力量保证了相对较高的教育水平，加上劳动力自由流动外出务工，因此，王码村的贫困原因更多是贫困户缺乏劳动力，其中因病致贫较为突出。在实际调研过程中我们也发现王码村的贫困户绝大多数是因为年龄偏大，与子女分户后缺乏劳动力而致贫，少数是因病、因残致贫。范书记认为应壮大集体经济，盘活集体资产，实现产业扶贫，让贫困户通过土地入股取得产业发展的红利分成收入。同时集体经济的壮大也会使镇、村层面对于贫困户的转移支付能力和水平同步上升。

通过补充调研，我们了解到王码村的脱贫与其集体经济壮大和当地的产业发展给贫困户带来更多的就业机会有很大的关系。同时，我们也了解到王码村当前的隐忧以及未来的发展思路。

二　报告主要内容

本报告致力于在对王码村进行实地调研的基础上，通过该村的案例和数据分析来了解微观农户贫困发生的机制。通过建立逻辑关系来实证分析哪些因素导致了贫困现象的发生，在此基础上深入剖析王码村贫困的原因，提出精准扶贫的对策以及当前"精准识别、精准扶贫"政策存在的问题，总结王码村的脱贫经验与不足，为其他贫困地区脱贫提供可参考的思路和经验。根据这一报告撰写思路，本报告的主要内容安排如下。

第一章，王码村基本情况概述。本部分在村问卷的基础上进行加工，描述出王码村的主要经济社会指标，包括自然地理、人口就业、土地资源及利用、经济发展、村庄治理与基层民主、教育科技与文化、村集体经济与村集体发展以及村公共基础设施等情况。

第二章，微观农户的致贫机制。这部分在文献综述的基础上建立本报告的理论基础。本部分首先梳理现有文献，了解国内外文献对于贫困发生机制的解释以及影响贫困的主要因素，在文献阅读与梳理的基础上建立基于王码村实际情况的致贫机制，寻找王码村个案中的致贫因素。

第三章，王码村调研数据分析。本章主要内容是对王码村贫困户和对照组非贫困户的数据进行整理，通过数据来了解具体的贫困户状况，以及贫困发生的主要原因，呈现王码村贫困的感官景象。

第四章，王码村的精准扶贫政策实施及效果。本部分主要介绍在村庄贫困治理总体框架的基础上各种治贫政策及实施效果，包括各级政府财政转移支付的福利扶贫与政府项目扶贫，以提供学费或减免学费、生活费为主的教育扶贫，提供低息或无息贫困户专项小额融资的金融扶贫，为村庄提供道路和水利设施的设施扶贫，政府部门实施的"结对子""出点子"扶贫，对口单位的驻村第一书记的帮扶等。在这里我们还通过一些脱贫户的案例来对一些政策的效果加以补充。

第五章，与永顺村的比较。课题组成员曾经参与中部地区安徽省亳州市利辛县永顺村的调研，对该村的贫困户信息管理与治贫措施有一定的了解，两村的致贫原因以及很多扶贫具体做法和措施存在一定的差别。本章首先总结了王码村的贫困特征以及王码村扶贫、脱贫的主要政策措施，将其与永顺村进行比较，着重分析永顺村的相关政策，以及永顺村扶贫过程中的一些经验和不足。

第六章，问题与思考。本章在前文分析的基础上，对王码村脱贫工作进行总结与反思。一方面对脱贫工作进行概括性总结，得出王码村脱贫的根本原因；另一方面，也对王码村目前脱贫工作存在的一些问题进行思考，基于此对王码村现在或未来设计的一些长效性脱贫政策进行评价。

目　录

第一章

基本村情

第一节　选择王码村的背景

  王码村的贫困调研是依据"精准扶贫精准脱贫百村调研"项目的总体规划来进行的。王码村地处江苏省中北部地区，属于淮安市淮阴区西宋集镇。实际上，按照国家贫困县标准，该村并不属于国家级贫困线下的贫困村，但考虑到"精准扶贫精准脱贫百村调研"项目对象的选取既要具有贫困特征，也要具有宽地域的典型性，对此项目组选择了江苏省省定贫困村王码村作为江苏省苏北地区贫困村的典型代表。

  淮安市至今已有2200多年的历史，位于江苏省中北部，地处长江三角洲地区、江淮平原东部，是苏北重要中心城市。坐落于古淮河与京杭大运河交点，是江苏省的重要交通枢纽，也是长江三角洲北部地区的区域交通枢纽。2018 年，淮安市实现地区生产总值 3601 亿元，一般公共预算收入 247.3 亿元，城乡居民人均可支配收入为 35828元、17058 元。

淮阴区隶属于江苏省淮安市，位于江苏省北部平原的中心。截至 2017 年末，淮阴区总人口为 91.7189 万人，实现地区生产总值（GDP）482.94 亿元，人均地区生产总值 61639 元。

西宋集镇隶属于江苏省淮安市淮阴区，位于淮阴区西北 35 公里处。该镇辖 14 个村（3 个居委会）146 个村民小组，共有 10867 户农户 5.12 万人。全镇有 5.13 万亩耕地，人均耕地约 1 亩，是典型的农业镇。

王码村位于西宋集镇西南角，面积 4 平方公里，由 16个自然村和 7 个村民组 617 户构成。依据江苏省省定贫困线标准，在 2016 年该村共有建档立卡贫困户 137 户，其中五保户 20 户、低保户 34 户。王码村村民总计 2452 人，其中贫困人口 289 人，包括五保户 20 人、低保户人口 49人，贫困发生率为 11.79%。2016 年王码村成为江苏省省定贫困村，由江苏省水利厅作为对口帮扶单位，为该村派驻扶贫工作队，并提供相应的扶贫资金与技术支持。

与中西部的贫困村不同，该村地处全国经济最为发达的省份，贫困标准比全国标准要高，省内资源的转移与劳动力的流动使得该村的贫困原因和贫困程度与中西部地区存在较大的差异。为了解不同地区的贫困发生机制以及进

图1-1　王码村村落一景

（徐海俊拍摄，2017 年 4 月）

行相对贫困的横向比较，课题组选择该村与相对落后地区的绝对贫困进行对比，以了解贫困发生的深层次原因。

第二节　基本资源状况

王码村位于江苏中北部地区，隶属于淮安市淮阴区西宋集镇。淮安市是周恩来总理的故乡，也是京杭大运河的主要枢纽，自古以来即为交通要道。但自近代以来，随着运河漕运的衰落，淮安市的政治经济地位也逐步下降，以长江为界的苏南苏北经济发展水平差距逐渐拉开，形成苏南发达、苏北落后，苏南以工业经济为主，苏北以农业为主的典型的二元经济形态。随着发展政策向苏北地区的倾斜，苏北的经济发展状况有所改观，但无论是从总体还是从人均水平上看都显著低于苏南地区。

王码村地处淮安市淮阴区西北 35 公里处，与沭阳县、泗阳县交界，两县皆为江苏省省级贫困县。由于土地资源短缺，地处平原地带无其他经济资源，王码村与邻村相比整体状况不够好。本章将在村问卷的基础上对王码村的基本村情加以概述，包括自然条件、社会经济发展状况、人口状况、村庄治理、基础设施等方面。

一 自然资源

王码村在平原地区的行政村中规模算小的，行政面积仅有 4 平方公里。王码村距离最近车站 1.5 公里，交通相对便利；距离西宋集镇 13 公里，主要以铺装道路和村道相通；距离淮阴区市中心 40 公里左右，通过 205 国道和 328 省道与外界相连。

西宋集镇自东向西有淮沭河、徐西河、跃进河、淮泗河和六塘河 5 条河流穿过，但离王码村最近的为灌溉沟渠，全村可灌溉面积比例较低。全村有耕地 3200 亩，其中有效灌溉面积 500 亩，灌溉水源主要来自地表水，由村内的 2 个排灌站通过近 1500 米的沟渠进行灌溉，基本能满足现有灌溉需求。全村无闲置抛荒土地，人均耕地面积 1.3 亩，略高于西宋集镇人均耕地面积。2016 年土地确权登记发证面积为2400多亩，其中对外流转耕地200亩左右，参与土地流转户数约为40户，耕地平均流转价格为850元/亩·年。主要农作物为大宗农产品，经济作物种植面积较小。小麦种植面积约为3000亩，耕作时间为每年10月至次年6月份，亩产800斤，平均价格约为1.1元/公斤。水稻种植面积约为500亩，均为精耕细作方式，实现全程有机种植方法，具有较高的品质。种植时间为每年6月至当年10月中下旬，亩产约为550公斤，平均价格约为1.2元/公斤。主要经济作物为花生，年种植面积约为600亩，亩产约为600斤，价格约为3.8元/公斤，耕作时间为每年6月至9月中旬。除此之外，以村集体的名义将一部分农户耕地流转用来发展集体经济，主要种植瓜蒌与雪里蕻蔬菜。集体经济的壮大及其带来的非重体力劳动力就业水平的提高是保证王码村脱贫的重要基础。

家庭养殖主要品种有牛、鸡和猪，全村每年出栏牛约80余头，每头毛重达600公斤左右，价格为20元/公斤；鸡的数量较多，达到3000余只，每只净重1.5公斤左右，每公斤价格约为22元；猪年出栏600头左右，每头毛重100公斤，价格约为9元/公斤。随着村集体招商投资的养猪场的建立，未来王码村的生猪出栏数将会显著增加，但市场波动带来的风险也在增加。

二 人口资源状况

王码村共有617户，总人口为2452人，皆为汉族，无少数民族。由于户籍变动统计不及时,村中实际人口状况与户籍信息存在一定的偏差。全村户籍人口中,劳动力人数约为350人,其中外出务工人数约为280人,长期在家务农或照顾家人的成年劳动力仅70人左右,外出务工达到半年以上不回家的劳动力约为150人,大部分外出务工集中在省内,省外务工人员约为70人。外出务工人员主要集中在劳动密集型的工厂、建筑工地。这表明外出务工劳动力以体力劳动为主,受教育程度不高。初中毕业未升学直接就业的新增劳动力为30人左右,高中毕业未升学的新增劳动力为80人左右。全村处于文盲或半文盲状况的人口约为300人,残疾人有55人,大多数残疾人是因病致残。

全村达到省定贫困标准的贫困户为137户,建档立卡贫困人口为289人,实际贫困发生率为11.79%。贫困户中,低保户34户,涉及人口49人;五保户20户,涉及人口20人。

三 基础设施条件

生产设施上,村内与村外的主干道基本实现路面硬化,但田间道路仍以泥土路为主,不利于农业大型机械展开作业。通村道路平均宽度3.5米左右,不利于会车,通村道路长度约为7公里,村内道路有路灯照明。农业生产用水主要来自灌溉水渠,由属于村集体的2个排灌站通过1.5千米左右的沟渠实现灌溉。生产用电由电网提供,基本实现 380 伏动力电源全覆盖。

生活设施上，全村实现网络、手机信号与有线电视全覆盖。使用卫星电视的户数达 50 余户；家中拥有电脑的户数达 120 户以上，拥有电脑的家庭基本都实现联网；除举家外出外，所有家庭有电视机，但少数贫困户家庭未使用收费的有线电视服务。全村拥有并使用智能手机的人数约为 350 人。

全村户均宅基地面积约为 600 平方米，所有居民住宅均为砖瓦或混凝土结构，无危房，也无违规占用宅基地的情况。由于人口外迁，村内大量住房空置，约为 200 户住房，占全村住房的 1/3 左右，空置比例较高。

所有村内住户都通电，电价为 0.52 元/千瓦时，基本不存在停电现象。居民生活用水主要为地下受保护的井水，全村在调研期内未接通自来水。村内生活垃圾 90% 实现集中处理，全村分布有约 40 个垃圾池，但受限于居民生活习惯和素质，垃圾不入池的现象较为普遍。村内除村委外无公共厕所，居民厕所均为室外旱厕，无论是从生活的便利性还是从卫生环保的角度来说，旱厕改造在未来应纳入计划中。

全村无医疗卫生室，离本村最近的卫生所在 1.5 公里之外，村内也无任何养老机构和设施，老人实现居家分散养老。

村内有一所位于村委的托儿所，但不具备幼儿园功能。无小学与中学，村属小学在 2007 年因为生源严重不足被撤销，距离最近的小学约 1.8 公里，距离最近的镇中学约 12 公里。

村内拥有文化站一个、活动室一间（活动室面积为 30 平方米）、体育健身场所一处。文化站拥有各种图书 200 册左右，但利用率较低。另外，在村委有建筑面积达 192 平方米的办公小楼，既是村委办公场所也是村集体活动场所。

第三节　社会经济与发展状况

王码村作为江苏苏北地区平原地带的典型农业村，经济总体较为薄弱。在镇党委书记范书记上任之初，该村的经济活动基本集中于大宗农产品的生产，既没有工业也没有特色经济作物。村民收入主要来源为农业活动和外出务工经商。

一　收入与就业

2016 年根据村委估算，王码村人均纯收入为 12000 元左右。全村人均耕地 1.3 亩，亩均纯收入在 600 元左右，这样折算下来，本村居民的纯收入主要来自外出务工经商，如果家中缺乏外出务工经商的劳动力，必然会陷入贫困。

村内就业主要集中在村办集体企业与招商来的养殖场

内。村内有专业大户一户，流转土地200亩；拥有家庭农场一户，以养鸡为主。少数劳动力以农业劳动为主。

二　集体经济状况

村集体拥有两个农民合作社。一个是由吴同虎在2014年领办的农机合作社，拥有会员8户，总资产为50万元，以提供本地农机服务为主要业务，年营业额为8万元左右，年分红5万元。另外一个是土地耕作合作社，成立于2015年，由王启跃领办，目前拥有会员5人，成立的目的是为外出务工经商的本村或邻近农户提供土地耕种服务，按耕种面积收取费用。该合作社总资产2万元，年营业额16万元，目前该合作社仍处于培育期，暂未分红，但随着外出务工劳动力的增加，该合作社的发展潜力较大[1]。

目前村集体经济较薄弱，拥有办公楼一栋，建筑面积192平方米，该办公楼是由上级政府拨款20.5万元于2008年9月建成并投入使用的。此外集体拥有建筑面积约1000平方米的厂房一栋，有少量的水塘，没有未承包到户的集体所有耕地。前西宋集镇范书记就任后[2]，为壮大集体经济，增强王码村内在发展动力，建立内生脱贫机制，借助外部力量和村内资源开始建立集体产业。村集体通过流转归并土地200亩发展瓜蒌项目和雪菜项目，所得收益在扣除成本后归于集体收入。调研期内这些项目正处于筹划培育期，

---

[1]　2018年由于缺乏足够资金投入，以及市场不足，该合作社解散。

[2]　2018年，西宋集合并到徐溜镇，范晓东书记调离至丁集镇任职。

尚未取得收益。这些项目具有良好的市场前景，不仅可以壮大集体经济，还会给村内农户带来就业机会。

村财政收入来源如下：上级补助款 79786.00 元、发包村集体水塘收入 25000.00 元、厂房租金 2000 元。厂房租金初期水平较低，为吸引外部投资给予优惠所致。村财务支出主要为村干部工资支出，2016 年村干部工资总额为 72546.0 元，村集体路灯、办公室等电费支出 8355.7 元，报章杂志以及图书室书籍采购支出 817.2 元，村集体道路维护支出 1080.0 元，修建水利费用 2205.0 元，其他支出 4890.0 元[①]。

目前集体账户上拥有现金资产 63850.67 元，债权 45.55 万元（上级政府基于集体项目补贴资金的财政拨款未到位）。村集体负债 10 万元，主要是上级政府拨款要求专款专用，在建瓜蒌项目资金投入未到位，只能暂时从专项资金中转借资金保证瓜蒌项目顺利进行。

三 科教文卫事业状况

王码村规模小，人口少，集体经济薄弱，加上早期对扶贫工作不够重视等多方面因素的影响，王码村在科教文卫事业发展上较为落后。

全村在科技方面人才匮乏，全村无一人参加过任何形式的职业技术培训，村内既没有农民文化学校，也从未举办过相关的农业技能讲座，无任何持有证书的农业技术人员。集

---

① 主要用于环境卫生、垃圾清理和运送。

体建设的瓜蒌项目和雪菜项目需要专业的种植技术，相关人员接受过总计 120 人次左右的技能培训。

王码村在教育事业方面也有较大的发展空间。村内无小学、无幼儿园、无中学，仅有一间托儿所。邻村幼儿园每月缴费 700 元，本村托儿所每月缴费 500 元，对于村民来说是一笔不小的经济负担，贫困户难以支付学龄前非义务阶段的教学费用。本村小学阶段的适龄儿童人数约为 120 人，初中阶段受教育人数为 116 人，辍学人数 10 人。初中阶段属于九年制义务教育，辍学原因主要不是经济压力，而是家长认知不足和长期留守产生的厌学情绪。

村集体文化设施较落后，仅有一个面积为 30 平方米的棋牌活动室，几张桌子满是灰尘，可以肯定这些设施几乎没被使用过。村委办公楼二楼的图书阅览室除工作人员外很少有人进出，利用效率极低。全村无任何文化团体，村集体也没有能力组织文化娱乐活动。造成这种局面的主要原因是年轻人绝大多数外出务工经商或者求学，留在村内的主要是老人和儿童，对于文化娱乐活动兴趣不大。

王码村的环境卫生事业也亟待发展。村内建有多个垃圾池，用于收集居民日常生活垃圾并进行集中无害化处理，但由于意识问题，垃圾池的利用效率不高，乱扔垃圾的现象较为普遍，村内整体环境有较大的改善余地。村内厕所以旱厕为主，且各家各户均有位于住房附近的旱厕，数量较多，气味较重。医疗保健上，村内基础设施较差，缺乏医疗卫生相关人才。村内无卫生室，最近的医疗点距本村 1.5 公里，全村无医生或者具有行医资格证书的人。

村内无养老机构，老人以居家养老为主。目前村里患有大病的人数为 18 人。

四 社会保障

社会保障是保障居民生活水平的底线，建立良好的社会保障体系对贫困户而言尤为重要。对基层农民的社会保障主要体现为医疗保险、五保供养和低保户的最低生活补贴。

王码村目前 617 户中参加新型合作医疗保险的户数有 587 户，未实现全覆盖，但本村的常住家庭都参加了合作医疗保险，未参加的主要是常年在外的家庭。医疗保险人均保费为 180 元，五保户和低保户须居民自己缴纳的部分由镇统一补贴。参加养老保险的户数为 200 户，约 300 人；享受低保补助政策 49 人，五保供养 20 人，除此之外 60 岁以上老人和 70 岁以上老人享受政府统一发放的养老补助。2016 年全村共获得国家救助资金 25.6 万元，由镇统筹发放给低保户和五保户。

第四节 村庄治理与村庄发展

一 村庄历史变迁

王码村在历次村庄合并中一直作为主体存在，自然村和村组结构进行过调整，但村规模和土地面积未发生变化，村名沿用至今。在 2000 年村庄合并中，王码村由原来 12 个村组合并为目前的 7 个村组，自此以后王码村未发生过村庄合并。

二 村庄治理与基层民主

王码村本届村委会在 2016 年选举落实，全村共有选举权村民 1850 人，实际投票 1850 人，外出务工人员委托他人投票。村主任在这届选举中获得约 1600 票，村支书与村主任由不同人担任。

表 1-1 王码村 2016 年村两委选举结果以及当选人基本情况

姓 名	职 务	性别	年龄	文化程度	党 龄	任职届数	任职前身份
倪前奋	村支部书记	男	45	高中	14	3	农民
倪前杰	村支部副书记	男	37	高中	11	1	农民
王国恒	党委委员	男	64	高中	17	3	农民
王兆亚	党委委员	男	62	高中	18	3	农民
倪前永	党委委员	男	44	高中	5	2	农民
吴同虎	村主任	男	65	高中	—	2	农民
王国恒	村委委员	男	64	高中	—	3	农民
王兆亚	村委委员	男	62	高中	—	3	农民
倪前永	村委委员	男	44	高中	—	2	农民
杜素梅	村委委员	女	51	初中	—	2	洪北村卫生室医生

资料来源：根据王码村入户调查数据整理所得。本报告以下数据来源如无特殊说明，均同此，不再一一标注。

本次选举的结果从当选者连任的届数来看，与上届几乎一样，仅仅变动 1 人，反映出村民对于选举的态度受到现有状况影响较大，也反映出村中缺乏更优秀的人选。从学历层次上看，基本为高中及高中以下，学历层次偏低；年龄结构偏大，60岁以上3人。从任职者身份来看，除一人从事医生职业外其余均从事农业，缺乏专业技能人才。从中可以看出村两委年龄偏大，年龄结构的老化带来思维的僵化和对新事物接受速度慢，跟不上时代发展的要求。

2019年4月的补充调研发现，经过两年时间，王码村的两委名单没有发生任何变化，平均年龄提高了两岁。在与村支书的交谈中，村支书倪书记也表达了自己的担忧。由于村干部收入非常低，年轻人不愿做，年纪大的虽然有工作意愿，但缺乏工作能力。

三 村庄发展

村庄发展上，在被定为省定经济薄弱村之前，有关村庄发展的各项事业基本停滞不前，除由区、镇统一改造的基础设施外其他基本保持原样。2016年被定为经济薄弱村后，随着上级单位的关注和社会力量的帮扶，村庄发展的基础条件开始逐步转好。

2016年，由江苏省水利厅捐资90万元新建村内道路2.65公里，受益户数达400余户；由江苏省水利厅投资12万元改建村农业水利工程，延长水渠，增加灌溉面积，总计4处，受益农户300余户；由供电局投资对王码村的三处线路进行改造，改善了村居民生活和生产用电状况，受益户数达150余户；新增垃圾池15处，改善村内人居环境；新建村内文化活动室一处，总投资0.3万元；改造危房一处，由政府财政补贴1.2万元，村民自筹0.8万元。这些来自上级政府和社会力量的帮扶投资为王码村的未来发展和生活水平的提高奠定了坚实的物质基础。

四 社会帮扶

王码村被评定为省级经济薄弱村后，由上级主管单位指定对口单位帮扶，与王码村对接的单位是江苏省水利厅。

省水利厅具有较强的资金实力，在与王码村进行对接展开扶贫工作后，多次捐资帮扶，为王码村基础设施的改善做出了重要贡献。2016年3月，省水利厅指派李丰宁作为王码村的扶贫第一书记驻村开展扶贫工作。与第一书记一同参与王码村扶贫工作的人员共计3人，其中两人来自江苏省水利厅，一人来自河海大学。第一书记计划驻村两年，驻村工作时间不少于240天。由于王码村不具备住宿条件，第一书记的居住地点为西宋集镇政府招待所，工作地点为王码村村部。作为帮扶责任人，李丰宁书记直接联系的贫困户为24户，对每户均进行过入户走访。扶贫第一书记的主要工作职责为精准识别贫困户，通过入户走访和与村干部的访谈了解致贫原因，为王码村脱贫引入资金及项目，落实具体的帮扶措施并参与脱贫考核。

第一书记以及扶贫工作队在王码村的工作获得村委及

村民的广泛认可。2016 年，水利厅共计投入资金 102 万元用于改善王码村的灌溉、道路系统，提高王码村的自身发展能力。2017~2018 年总计投入资金 110 余万元为村内增设路灯；改造延长沟渠 1.5 公里，增加灌溉面积 800 余亩；新建村内道路 3.5 公里，将原有的通村道路由 3.5 米拓宽到 5 米，大大改善了通村的道路条件[①]。除了修建和改善村内基本生活、生产设施之外，水利厅还通过结对子扶贫方式为贫困户提供支持，户均支持力度达 800 元 / 年。

图 1-2　拓宽后的村主干道

（徐海俊拍摄，2020 年 8 月）

除江苏省水利厅之外，淮安市"阳光扶贫"工程的重要举措之一是财政人员的结对子帮扶政策。淮阴区交易中

---

① 因为去王码村都是自驾过去，对此感受颇深，2016 年去的时候大部分是泥土路，后来是水泥路，但路比较窄，会车很不方便，2018 年再去就是如照片拍摄的崭新模样。

心与本村 12 户贫困户结对子帮扶脱贫，在提供脱贫点子的同时以个人名义进行帮扶，户均获得帮扶资金约 800 元，改善了贫困户的生活条件。

除扶贫工作队和结对子帮扶之外，淮安市政府为尽快实现精准扶贫，推出"阳光扶贫"工程，出台和实施了一系列的扶贫、助贫政策，包括健康扶贫政策、教育扶贫政策、金融扶贫政策、最低生活保障及财政兜底扶贫政策、转移就业政策、危房改造政策及儿童大病救助政策等，从多方面助力贫困户脱贫。具体政策操作及对王码村的作用在后续章节内容中进一步解释。

第二章

农户的致贫机制

贫困现象无处不在，即使在发达国家和地区也存在较为普遍的贫困问题。宏观上看，中国人口众多，区域经济发展不平衡，资源分布以及自然条件的差别和收入分配差距的拉大是贫困形成的宏观背景。从微观上看，个体占有资源的差别、劳动能力、年龄性别、代际传递、家庭人口抚养比、疾病等是导致贫困发生的微观因素。但具体到特定区域或个体，贫困发生的具体因素是存在差别的。在经济发达地区和经济落后地区都存在贫困现象，区别是贫困发生率不一样，贫困的标准不一样。

　　本章内容将了解特定环境背景下农户贫困的发生机制，以深入分析王码村或其可以代表的整个淮安地区的贫困发生影响因素，以实现贫困问题的精准识别，而后在此基础上提出具体的可操作的精准扶贫对策。

本文认为贫困发生于内生机制和外生环境的共同作用，单一的区域与自然因素不能解释微观农户贫困的产生，自然条件恶劣和资源匮乏的地区贫困发生的概率更大，但是仍然存在高收入人群。文化因素可以解释整体贫困现象，但不能将微观个体的贫困归结于文化背景。社会经济环境可以影响个体，但并不能使每一个处在薄弱经济环境中的个体都陷入贫困，制度性因素也同样是这个道理。因此，贫困发生不是单一或几个因素导致的结果，应该是内生贫困机制与外生环境因素共同作用的结果。

第一节　逻辑框架

微观农户的贫困是由内生因素和外生因素共同作用形成的。所谓内生因素是指个体因素、社会文化因素、地理环境因素、代际因素等。而外生因素则包含经济因素、制度因素、特定事件冲击因素等。内生因素可以解释为即使没有其他外部因素的干扰，也会因为贫困文化、个体的能力和资源不足、所处环境以及代际传递而导致贫困；外生因素是指宏观经济状况不景气、不利的制度格局、疾病、灾难等。内生因素与外生因素的叠加最终导致贫困的产生，具体机制如图 2-1 所示。

图 2-1 显示了贫困产生的内外因素作用机制。单纯

的内生因素可能会导致贫困发生，通过外生因素的叠加效应，贫困发生概率增大，一个地区或一家特定的农户具有这些因素特征越多，产生贫困的概率越大。

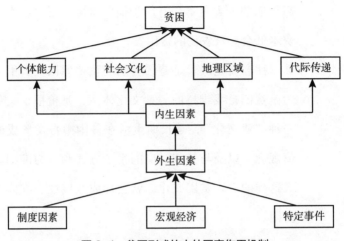

图2-1　贫困形成的内外因素作用机制

贫困的根本原因在于内生因素。首先，个体能力不足是导致贫困的首要原因。个体能力包括个人的健康水平、劳动能力、年龄、性别、个体拥有的资产状况以及人力资本状况等。健康水平低下导致劳动能力丧失或劳动效率下降，最终使得收入水平下降；年龄越大，劳动能力下降；在同等条件下，低劳动生产率部门女性的劳动能力低于男性，更容易陷入贫困；个体拥有生产性资产越少，比如缺少土地和生产性工具，则陷入贫困的可能性越大；人力资本状况包括后天的教育培训以及在健康上对个体生产者进行的各项投资，人力资本越低，同等条件下陷入贫困的可能性越大。西奥多·舒尔茨认为传统农业内部的资源配置是有效率的，农民之所以贫穷是由于缺乏知识和高质量的投入，只要增加农户的知识并有效使用，引进现代农业的高质量投入，便可改变传统内部均衡和停滞条件，从而带来更高产量，消除贫困。舒尔茨认为增加农户的知识，提高他们的人力资本，有助于消除贫困。反之，农民的人力资本低会导致农民的贫困。

社会文化因素是持续贫困的重要原因。贫困文化被认为是贫困自我维持的一种文化体系，是植根于文化背景的一种"亚文化"，是长期生活在贫困中自发形成的一种价值观念，以及与其相对应的生活方式和行为准则。一旦形成这样的一种贫困文化，就会形成区域性、群体性的长期贫困。

地理区域因素主要考虑贫困者所居环境恶劣而导致贫困产生。地理环境的恶劣导致交通落后、水资源缺乏、土地贫瘠与不足。自然灾害频发导致人们生活困难，难以获得收入，收入难以维系生活。从中国主要贫困区域分布来看，贫困地区基本上地理区域状况不理想，这些地区多为山区，交通落后闭塞，自然资源状况较差，耕地资源稀缺，人们难以获取足够的生产、生活资料以维持自身的生活和发展，陷入长期的贫困之中，虽经多年扶贫努力，仍难以改变这些地区的贫困状况。

代际传递因素在一定程度上与文化因素重合。代际传递因素是指上一代的贫困通过代际传递使得下一代人同样处于贫困之中。代际传递一方面源自贫困文化，但不限于此。上一代的贫困导致后代在教育、营养健康等人力资本方面缺乏积累，同时也导致物质资本的积累匮乏，使得后代难以在上一代人的基础上取得进一步发展，最终陷入贫困循环。就微观农户贫困的内生因素，尤其是就相对贫困的内生因素而言，更多为代际传递因素而非制度或文化等其他因素。但绝对贫困则更多为地理区域、宏观经济状况等其他因素。

外生因素可能会强化内生因素的致贫作用。制度因素被部分学者认为是导致贫困的根本性原因，所有贫困都是特定制度的产物。阿玛蒂亚·森就认为贫困或饥饿不是资源不足所致，而是特定制度导致资源分配不公的结果。制度既包括宏观的制度也包括微观的制度，宏观的制度可视作影响一个社会整体的一系列法律、政策和规章制度的总和，这些制度影响处于组织中的每一个人。比如，新中国成立以来，为促进工业发展，将农业剩余向工业转移，以维持工业生产的低成本。这一制度性政策导致农村收入与生活水平普遍低于城市。对应地，微观制度可看作只影响局部区域群体的政策或规章制度的总和。比如，同等背景下的不同乡镇因为政策不同导致一个乡镇相对富有，而另外一个相对贫穷，农户贫困发生率较高。

宏观经济因素是指一国或一地区的宏观经济总量和增长态势。宏观经济总量越大，整体社会收入水平越高，政府的税收越多，社会和政府对于低收入人员或贫困者的转移支付水平越高，绝对贫困现象越少，同时政府税收水平的增加也会提高穷人的福利水平。随着中国宏观经济总量的扩大，政府庞大的财力在为贫困者提供转移支付的同时也为穷人提供教育、医疗等多重福利，目的在于为穷人提供更多的机会，增强其摆脱贫困的能力。宏观经济增长则会为穷人提供更多的就业机会，就业机会意味着摆脱贫困。20世纪90年代以来，中国在反贫工作中取得了举世瞩目的成绩，这一成绩与中国宏观经济持续快速发展，为低收入地区的劳动力提供了大量的就业机会有极大关系。

特定事件是指由于某些事件，原本不贫困的家庭或个人沦为贫困者。特定事件可能是自然灾害，也有可能是疾病、残疾或家庭成员的教育支出使家庭或个人的短期内支出超过了家庭收入或资产，或者是因为这些事件丧失了劳动能力。大部分情况下，特定事件导致的贫困并非系统性贫困，且多数为暂时性贫困，随着劳动能力恢复和家庭成员教育阶段结束贫困状况会好转。对于特定事件引起的贫困可以通过构建良好的社会保障制度加以解决。目前我国农村地区全面覆盖的合作医疗保险和大病医疗保险大大减少因病致贫的现象；九年制义务教育在促进贫困人口人力资本积累的同时也减轻了贫困家庭的经济负担；大学阶段的助学贷款以及贫困生奖学金和助学金不仅使贫困家庭没有因为教育致贫，反而促进了人力资本的积累，为未来生活的改善奠定了基础。为有一定劳动能力的残疾人提供就业机会，使得残疾人可以获得一定的收入，免于贫困。未能雇佣残疾人的用人单位则须缴纳残疾人就业保障金，由残疾人联合会统一支配使用，主要用于残疾人公共设施修建和为残疾人提供基本生活保障，降低残疾人贫困发生率。

第二节　王码村贫困形成机制

　　王码村的贫困也是内生因素和外生因素结合导致的。从深入调研情况来看，资源匮乏、缺少劳动力以及受教育水平较低是当前贫困的主要内生因素。从外生情况来看，生病、残疾、家庭成员接受教育和超过劳动年龄等是导致缺少劳动力的主要原因，自然灾难等外部因素不是导致贫困的主要原因。具体的调研数据支持这一判断。

第三章

贫困户数据分析

第一节　贫困户的精准识别

一　精准识别过程

王码村的贫困户识别经历了指标分解—精准识别—回头看的过程。指标分解是根据省定贫困线标准大致框选出符合人数，并将这一数目分解至各县市、乡镇，根据家庭人均收入低于6000元标准落实到村，再根据村集体持续收入标准18万元 / 年确定经济薄弱村。根据初步贫困户指标分解，2016年初次核查结果为王码村符合家庭人均收入低于6000元标准的共有105户，涉及贫困人口289人。这一数据也是大规模入户调研期间的贫困人口数据。

江苏省贫困人口建档立卡工作始于 2014 年，当时是将家庭人均收入低于 2500 元作为贫困户标准，2016 年将这一标准提高到 6000 元，并对建档立卡户进行重新规整。2017 年针对分解数据进行确认，认定程序为低收入农户家庭自愿提出申请 – 村民组民主评议 – 逐级审核 – 县乡四级公示 – 精准筛选并进行认定。根据这一程序对低收入农户进行入户调查，采集相关信息，建立台账。认定对象范围如下：属于本村常住居民，因生病、残疾、意外事故等失去劳动能力致贫，因多子女入学、抚养或赡养人口多、劳动力少负担重致贫，以及因底子薄、缺乏资金和技术等致贫；2016 年人均纯收入低于 6000 元的家庭；低保、五保家庭以及其他贫困家庭。长期举家外出、在城镇拥有房产、拥有汽车或大型机械、有赡养人赡养且赡养人具备赡养能力以及其他不符合贫困户标准的，不认定为贫困户。

基于最新的精准识别条件，王码村最新的贫困户及贫困人口数量大大减少。根据最新认定标准，2018 年王码村建档立卡贫困户有 58 户，涉及 105 人。2018 年贫困户大幅减少主要有两方面的原因：一是精准识别，将一些不符合贫困户标准的排除，主要是分户的老年人[1]；二是精准扶贫的效果开始显现，2018 年王码村脱贫 53 人，未脱贫人口只剩下 52 人。

---

[1] 在初次筛查时按户进行识别。按以往标准衡量，有大量老年人口与子女分户后由于缺乏劳动力，基本都进入贫困户行列，新标准则排除出有赡养人赡养的人口。

二　精准识别中存在的问题

首先，识别不够"精准"。2016年江苏省根据省定贫困线指标大致框出贫困人口的数量，并将这一数字逐级向下分解，所以早期的精准识别实际上并不"精准"，甚至只是一个大致的数据。根据最初的分解指标，王码村贫困人口较多，贫困发生率较高，并不符合实际的贫困状况。

其次，识别的程序存在瑕疵。早期的贫困户识别程序是农户提出申请，由上级主管部门进行确认，缺少严格的审查程序。在精准识别"回头看"的筛选中，收紧了审核程序，严格按照家庭年人均纯收入6000元的省定贫困线进行收入对比，同时将是否拥有大型资产或奢侈用品作为筛选依据。另外对于子女分户的老人也追加审核条件，子女在外打工就业的能够承担赡养老人义务的分户老人不再列为贫困户。"回头看"的严格审核程序将真正的贫困户筛选出来，确保有限的扶贫资源能够用到真正的贫困户上。

最后，尽管"回头看"在一定程度上确保了贫困识别的精准，但无法精准区分自愿贫困和非自愿贫困。非自愿贫困是由于缺乏劳动力、技术、资源或者因病、因学等导致的贫困，贫困非农户自愿处于的一种状态。自愿贫困则相反，贫困户自身可能拥有劳动能力，或有一技之长，但由于懒惰或其他原因，自愿处于贫困状态。在王码村，大部分的贫困属于非自愿贫困，但确确实实存在自愿贫困现象。精准识别的初衷应该是将有限的扶贫资源提供给真正需要帮扶的贫困户，实现社会公平和人的尊严，但是现有的数字标准没有办法保证做到这一点。

第二节　贫困户的特征

2017年4月，王码村大规模入户调查涉及贫困户31户，共计涉及贫困人口93人，户均人口3人。31户中，五保户1户，低保贫困户2户，低保户5户，一般贫困户23户。

一　基本人口统计特征

贫困户共31份问卷，共涉及93人，其中女性人口为41人，男性人口为52人，女性贫困人口占比较低。最大年龄87岁，最小年龄1岁；从年龄分布上来看60岁及以上人口为31人，占比达33.33%；18岁以下未成年人21人，占比为22.58%；18~60岁人口为41人，占比为44.09%。

从图3-1可看出，王码村的贫困户年龄偏大，未成年人贫困主要是家庭贫困导致的。20~54岁年龄阶段的人口贫困发生率下降，这意味贫困的发生可能更多由于年龄过大而导致的劳动能力低下或丧失劳动能力。同时中年阶段的贫困可能是因为需要抚养或赡养更多的家庭人口。

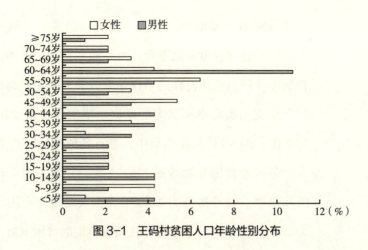

图 3-1　王码村贫困人口年龄性别分布

非贫困户对照组总计 31 户，涉及人口 120 人。从受访非贫困户的人口结构来看，女性为 58 人，男性 62 人，男女比例基本持平。年龄结构上看，最高 85 岁，最小 1 岁；60 岁及以上人口为 30 人，占比达 25.00%；18 岁以下未成年人 23 人，占比为 19.17%；18~60 岁人口为 67 人，占比为 55.83%。很显然，非贫困户的抚养和赡养负担低于贫困户组，而劳动力所占比例明显高于贫困户。

二　致贫原因

从主要致贫原因来看，31 户贫困户受访者中有 27 户回答了该问题，其余 4 户未回答这一问题。从问卷结果来看，有 9 户回答是因病致贫，10 户是缺乏劳动力所致，3 户是家庭成员上学所致，2 户是残疾所致，2 户是自身缺乏发展动力所致，1 户回答是缺水所致。回答因病、因残致贫的 11 户家庭中，均有 1 位以上主要劳动力因患有疾病或残疾而劳动能力下降甚至丧失。最多的贫困户家庭有 3 位家庭成员患有关节炎、冠心病、胃病、精神分裂等长期慢性病，长期慢性病不仅导致劳动力缺失，高昂的医疗费用支出也使本来贫穷的家庭难堪重负。在受访的 31 户贫困户的 93 位家庭成员中，患有各种疾病的竟高达 40 人，年医疗费用总额达到 270225 元，扣除新农合和大病医疗保险后自费部分为 223350 元，人均医疗费用支出约为 2401.6 元，这对于本已处在艰难境地的贫困家庭来说无异于雪上加霜。

表 3-1　王码村受访贫困户的主要致贫原因分布

单位：户

	生病	残疾	上学	灾害	缺水	缺技术	缺劳力	缺资金	交通落后	发展动力不足	因婚
主要原因	9	2	3	0	1	0	10	0	0	2	0
次要原因	9	9	1	1	1	2	11	3	5	4	2

非贫困户的健康和劳动能力状况明显好于贫困户。部分或完全失去劳动能力的仅有 3 人，其余 117 人健康状况均为良好。在劳动力状况上除少数因年龄较大而丧失劳动能力外，在劳动力年龄范围内仅有 5 人失去劳动能力，但均能实现生活自理。非贫困户组患病比例也明显低于贫困户组，患病人数为 16 人，且多数疾病属于高龄老人的病症，年医疗健康支出为 9175 元，明显低于贫困户[①]。

---

① 从调研的数据对比来看，这部分问题的回答存在虚报现象，有些数据与家庭人口状况明显相悖。

在回答次要原因时，因病、缺劳力之外的贫困户的选择依然是生病和缺少劳动力，可见在王码村，缺少劳动力是致贫的最主要的原因。除此之外，较多的贫困户认为交通落后、自身发展能力不足、缺资金、缺技术也是导致贫困的原因。

三 受教育情况

如表 3-2 所示，从受教育程度上看，贫困户普遍受教育水平较低。从年龄分组看，60 岁及以上文盲有 7 人，小学文化程度有 12 人，初中文化水平有 7 人，实际上由于 50 年前教育设置的差别，他们的初中水平实际上是高小，相当于现在的小学四、五年级的水平，而不是现在的初中水平，换句话说 60 岁及以上的受访贫困户其文化程度均为小学。50~59 岁年龄组的受教育情况也不容乐观，14 个人中有 6 人属于文盲类别，小学文化 4 人，初中文化 4 人，初中水平主要集中于 50 岁出头的群体。35~49 岁年龄组中情况有所好转，只有 1 人为文盲，有全村 35 岁以上年龄段受访贫困户中唯一的高中生，有 13 人为初中学历，小学学历 4 人。18~34 岁年龄组中共有 12 人，文盲 1 人，小学学历 3 人，初中学历 4 人，中专（职高技校）学历 1 人，大专及以上学历 3 人。6~17 岁年龄组中小学 9 人在读，初中 6 人在读，无高中在读生，中专（职高技校）学历 1 人，大专及以上学历 1 人。具体学历分布见表 3-2。

表 3-2　王码村受访贫困户受教育情况

单位：人

	文盲	小学	初中	高中	中专（职高技校）	大专及以上
6~17 岁	0	9	6	0	1	1
18~34 岁	1	3	4	0	1	3
35~49 岁	1	4	13	1	0	0
50~59 岁	6	4	4	0	0	0
60 岁及以上	7	12	7	0	0	0

注：除学龄前儿童。

由表 3-3 可知，对照组中文化程度也明显高于贫困户组。在去除学龄前儿童后的 108 人中，文盲 15 人，小学文化 28 人，初中文化 51 人，高中文化 6 人，大专及以上文化 8 人。年龄组中，18~34 岁初中和大专及以上比例较高；35~49 岁年龄段上，文盲 4 人，比例达 15.38%，初中比例为 69.23%；50~59 岁年龄段，初中比例为 66.67%。

表 3-3　王码村受访非贫困户受教育情况

单位：人

年龄段	文盲	小学	初中	高中	中专（职高技校）	大专及以上
6~17 岁	0	4	5	3	0	0
18~34 岁	0	4	10	0	0	7
35~49 岁	4	2	18	2	0	0
50~59 岁	1	4	12	1	0	0
60 岁及以上	10	14	6	0	0	1

注：除学龄前儿童。

教育是人力资本积累的主要途径，学历水平是判断一个人受教育水平的重要依据。35 岁以上受访贫困户总体受教育水平低下，这是导致贫困的根本性原因。贫困导致过早辍学，从事维持生计的低效率劳动，反过来导致收入水平低下，较低的收入水平使得子女受教育水平低下，从而陷入贫困代际传递的恶性循环。幸运的是，在6~17岁的年龄组中没有出现过早辍学就业的现象，这表明即使是在贫困家庭，人们对下一代的教育都足够重视，这是我们在未来阻断贫困代际传递的最有力的武器。

第三节　收入、支出等其他数据

一　收入与支出

1. 收入来源

外出务工是农民除农业生产之外收入最主要的来源。贫困户由于家庭劳动力缺乏，外出务工机会较少，所获收入也少，这也是农村贫困形成的最主要原因。在受访的31个贫困户样本中，镇内务工人员为2人，在本县内本镇外务工人员为1人，省内本县外务工人员1人，省外务工为2人，其余25户中没有人外出务工。外出务工时间在3个月以下的有2人，在6~12个月的有4人，这说明部分贫困户由于家中缺乏劳动力照顾家庭和农业生产只能选择就近务工，照顾家庭和农业生产导致他们外出务工时间较短。所有外出务工人员均表示所赚取的收入会带回来维持家庭的生活。

表3-4 受访贫困户外出务工情况

单位：人

务工状况	镇内务工	县内镇外	省内县外	省外	其他
	2	1	1	2	25
务工时间	3个月内	3~6月	6~12个月	零工	NA
	2	0	4	25	NA

非贫困户对照组的外出务工状况与贫困户的差别较大。在剔除16岁以下和65岁以上无劳动能力者后的70人样本中，外出务工的比例高达60%，未外出务工人员比例为40%，这其中还包括18岁以上在读大学生。非贫困户外出务工以县外6个月以上长期务工为主，长期务工比例高达52.9%。

表3-5 受访非贫困户外出务工情况

单位：人

务工状况	镇内务工	县内镇外	省内县外	省外	其他
	12	6	15	9	28
务工时间	3个月内	3~6月	6~12个月	零工	NA
	8	3	37	22	NA

2. 家庭收入与支出状况

家庭收入与支出状况是判断一个家庭是否属于贫困户的最主要依据，也是反映家庭生活状况的基本指标。收入越高表明支出能力越强，生活水平也越高，物质需求能够得到较好满足，家庭成员的发展能力也越好。支出总量反映一个家庭总的支出水平，支出结构则决定了该家庭收入的去处，也反映了贫困的部分原因，如果医疗支出水平高则可能是因病致贫，若教育支出水平高则可能是因学致贫。详细分析收入与支出的结构可以更好地了解贫困产生的原因，并相对应地给出扶持政策。

表3-6列举出贫困户2016年的纯收入状况。由于记忆问题和其他原因，表中数据有一定的出入，但可以大致反映出贫困户的收入状况。从现场调查的数据看，低保户和五保户的收入水平最低，五保户的收入来源只有政府给予养老金、离退休金收入和补贴性收入，年收入仅为7160元；低保户家庭纯收入仅为5330元；一般贫困户家庭纯收入为15772元；低保贫困户家庭纯收入为21119元，在贫困户中排名第一。贫困户的平均家庭纯收入为13982元，非贫困户对照组的收入则为65250元，差距较为明显。

从收入构成上看，贫困户的工资收入较低，工资收入为9769元。其相关收入均值如下：农业经营收入为3368元，非农经营收入为717元，赡养性收入为1217元，低保金收入为824元，养老金、离退休金收入为1451元，报销医疗费为9399元，礼金收入为379元，补贴性收入为588元，无财产性收入。非贫困户对照组的收入则更多来自工资收入，其收入构成如下：工资收入为36724元，农业经营收入为9282元，非农经营收入为12993元，财产性收入为519元，赡养性收入为2036元，养老金、离退休金收入为4536元，报销医疗费为2154元，礼金收入为719元，补贴性收入为363元（主要为农田相关补贴收入）。

表 3-6　王码村受访贫困户和非贫困户收入情况

单位：元

类　别	一般贫困户	低保户	低保贫困户	五保户	贫困户均值	对照组均值
家庭纯收入	15772	5330	21119	7160	13982	65250
工资收入	13722	400	2500	0	9769	36724
农业经营收入	3841	1210	5000	0	3368	9282
农业经营支出	1335	460	2750	0	1242	5704
非农经营收入	990	0	0	0	717	12993
非农经营支出	514	48	0	0	385	4543
财产性收入	0	0	0	0	0	519
赡养性收入	1586	400	0	0	1217	2036
低保金收入	0	2380	6000	0	824	0
养老金、离退休收入	1628	325	1404	2160	1451	4536
报销医疗费	12037	212.5	3450	0	9399	2154
礼金收入	524	0	0	0	379	719
补贴性收入	487	260	150	5000	588	363
调整后纯收入	20929	4467	12304	7160	16687	56925

　　注：表中数据为现场调查中农户所报数据，部分数据之间存在矛盾，首先受访者并不能准确地回忆 2016 年的每项收入情况，其次由于心理原因，所报数据不够完全真实，为了反映调查的真实情况，该处数据未做调整。

　　根据收入来源并且扣除经营支出和报销医疗费，调整后的家庭收入可能更符合实际情况。调整后的一般贫困户收入有所上升，达到 20929 元；低保户收入有所下降，为 4467 元；低保贫困户下降为 12304 元；五保户收入依然为 7160 元。贫困户平均水平上升为 16687 元，而非贫困户平均水平则下降为 56925 元。对收入进行调整，一方面是考虑扣除报销医疗费对于因病致贫的家庭收入影响较大，另外一方面是考虑到了支出成本因素。导致填报收入与调整后收入的差距的原因为不同收入层次的农户的心理感觉：一般贫困户处于中间，入不敷出，难以支撑家庭的物质需求，从而总感觉收入太低；而实际收入更低的农户由于多数属于无劳动能力的老人家庭，对物质和发展的需求较低，从而产生"生活还能过得下去"这样一种心理；非贫困户由于家中劳动力宽裕，收入来源较多，自我感觉良好。

　　表3-7反映了贫困户以及非贫困户对照组的支出情况。从总体平均水平来看，贫困户与非贫困户的支出区别不大，两者仅相差400元。但是从支出结构上看区别较大，在贫困户支出中食品支出为4330元，几乎是非贫困户的一半；报销后的医疗支出为14219元，远高于非贫困户的6705元，达到两倍以上；教育总支出、养老保险费、合作医疗保险费和礼金支出均大幅低于非贫困户，这表明贫困户的未来发展、保障能力和抗风险能力远逊于非贫困户，贫困户在没有外部力量的干预下将长期陷于贫困。

表3-7　2016年王码村受访贫困户和非贫困户支出情况

单位：元

类　别	总支出	食品支出	报销后医疗总支出	教育总支出	养老保险费	合作医疗保险费	礼金支出
低保贫困户	13420	4000	4150	2100	600	570	2000
低保户	9884	1600	4420	3140	180	144	400
一般贫困户	28418	5025	17779	3117	287	433	1700
五保户	7160	7160	0	0	0	0	0
贫困户均值	23824	4330	14219	3029	296	394	1491
对照组均值	24224	8340	6705	5080	784	664	3793

由表 3-8 可知，贫困户对于收入的感觉和满意度也明显低于非贫困户。对于这一问题，受访贫困户和非贫困户各有 30 位受访者进行了回答。在贫困户中，没有人觉得收入非常高或者较高，有 9 位受访者认为收入水平一般，有 11 位受访者认为收入水平较低，而认为收入水平非常低的则达到 10 位。非贫困户的对照组中有 1 户受访者认为收入非常高，有 10 位认为自己家庭的收入水平较高，14 位受访者认为收入水平一般，4 位受访者认为收入水平较低，仅有 1 位认为收入水平非常低。从收入的满意度上看，对当前收入水平不太满意或者很不满意的贫困户分别是 16 位和 3 位，认为一般的贫困户有 10 位，而对当前收入水平比较满意的贫困户仅有 1 位，没有贫困户对收入感到非常满意；对照组中觉得非常满意的有 4 位，比较满意的有 8 位，认为一般的有 10 位，不太满意的有 7 位，很不满意的仅有 1 位。这表明，贫困户对当前的收入状况基本不满意，在现实收入面前，面对家庭的生活、发展的需要，他们承受着更大的生理和心理压力。

表 3-8　王码村受访贫困户和非贫困户收入感觉与满意度

单位：人

收入感觉	非常高	较高	一般	较低	非常低	未回答
贫困户	0	0	9	11	10	1
对照组	1	10	14	4	1	1
满意度	非常满意	比较满意	一般	不太满意	很不满意	未回答
贫困户	0	1	10	16	3	1
对照组	4	8	10	7	1	1

二 贫困户住房状况

住房是最基本的生活资料，住房状况反映一个社会和家庭的基本财富状况及其抵御自然风险的能力。王码村作为江苏省定贫困县，属于相对贫困，地处平原地区使得房屋建造成本相对低廉和具有较长的耐用时间。王码村的贫困户住房状况相对较好，未出现居无定所的状况，也未有严重危房的情况。

从贫困户的住房满意度来看绝大多数贫困户对目前的住房状况是满意的。就31户贫困户的住房满意度情况来看，有2户回答非常满意，8户回答比较满意，15户回答基本满意，3户回答不太满意，2户回答很不满意，1户数据丢失。贫困户中自有住房为28户，自有住房率为90.3%；共有住房为3户，主要是五保户。

表3-9 王码村受访贫困户和非贫困户自有住房与住房满意度对比

单位：户

	自有住房	非常满意	比较满意	基本满意	不太满意	很不满意
贫困户	28	2	8	15	3	2
非贫困户	32	5	14	7	4	2

注：王码村住房条件较好，2017年后基本无危房。即使贫困户其居住条件都较好，相反村内居住条件较差的反而可能是非贫困户，因为很多非贫困户在市里买房，村中的住房很少居住。

非贫困户自有住房为32户，自有住房率为100%，其中有7户拥有2套以上住房，实际上多数非贫困户在外务工的子女在县城甚至市区拥有住房，这种情况在补充调研时得到验证，绝大多数非贫困户的住房是空置的。就满意度来看，非贫困户的住房满意度也明显好于贫困户，非常满意有 5 户，比较满意有 14 户，基本满意有 7 户，不太满意有 4 户，很不满意有 2 户。

从住房年限来看，贫困户住房最长房龄为 35 年，最短房龄为 8 年，平均房龄为 22.32 年；户均住房面积为 100 平方米；全部为平房，24 户住房状况良好，有 4 户危房，其中 1 户被政府认定为危房后已进行改造，另外 3 户则未改造，在 2019 年补充调研时已经全部改造完毕，目前贫困户中无危房存在。住房建筑材料上，有 1 户为土坯房，2 户为砖混结构，1 户为钢筋混凝土结构，余下 24 户为砖瓦砖木结构住房。室内取暖设施以空调为主，其中有 8 户装有空调，1 户有电暖气，1 户用炉子取暖，其余 18 户无任何取暖设施；有 11 户安装了太阳能热水设备，安装电热水器和空气能热水器各 1 户，其余 15 户无任何淋浴设施。

非贫困户对照组的住房状况相对较好。平均房龄为 19.83 年，最长的 42 年，最短的为当年新建住房，10 年内的住房有 5 户。31 户中有 8 户为楼房，其余 23 户为平房。户均住房面积达到 129.39 平方米。住房状况良好，无危房。非贫困户住房的建筑材料明显好于贫困户，有钢混结构住房 3 户，砖混结构 8 户，土坯房 1 户，其余 20 户为砖瓦结构。室内设施也明显好于贫困户组，有 22 户安装了空调，25 户安装了以太阳能为主的淋浴设施，比例明显高于贫困户。

三 家庭生产生活资料状况

生产资料反映了一个家庭的未来发展能力，生活资料则反映出该家庭的生活水平高低情况。王码村的贫困户和非贫困户的家庭生产生活资料无论是在量上还是在质上都有较大的差别。调查数据只反映量的差别，质的差别是在调研中直接感受到的。

表3-10为贫困户和非贫困户对照组的生产生活资料情况。彩色电视机贫困户户均0.81台，而非贫困户的彩电则有1.19台，且贫困户的彩色电视机以老旧的显像管电视居多，而非贫困户的彩电以液晶大屏电视为主；贫困户空调户均0.42台，而非贫困户户均0.94台；洗衣机贫困户户均0.71台，非贫困户户均1.03台；电冰箱或冰柜贫困户户均0.71台，非贫困户户均0.93台；贫困户户均电脑0.06台，非贫困户户均0.45台；固定电话在移动智能手机时代基本被淘汰，但这一数据贫困户依然低于非贫困户。在家用车辆方面，贫困户户均摩托车或电动自行车数量为1.39辆，非贫困户户均2.00辆；贫困户无轿车或面包车，但非贫困户拥有轿车或面包车总计5辆，户均约0.16辆，非贫困户中还有一户拥有营运中巴车。在农业生产资料方面，贫困户仅仅拥有1辆拖拉机和一辆耕作机械，而非贫困户拥有6辆拖拉机、3辆耕作机械，1辆播种机和1辆收割机，另外还拥有其他农业机械设施1辆。由此可见，贫困户在生活生产资料占有方面显著低于非贫困户，内生发展的能力严重不足。

表 3-10 王码村受访贫困户和非贫困户生产生活资料占有情况

类别	贫困户		非贫困户	
	总计	户均	总计	户均
彩色电视机（台）	25	0.81	37	1.19
空调（台）	13	0.42	29	0.94
洗衣机（台）	22	0.71	32	1.03
电冰箱或冰柜（台）	22	0.71	28	0.93
电脑（台）	2	0.06	14	0.45
固定电话（部）	3	0.10	7	0.23
手机（部）	32	1.03	40	1.29
联网的智能手机（部）	23	0.74	42	1.35
摩托车 / 电动自行车（辆）	43	1.39	62	2.00
轿车 / 面包车（辆）	0	0.00	5	0.16
卡车 / 中巴车 / 大客车（辆）	0	0.00	1	0.03
拖拉机（辆）	1	0.03	6	0.20
耕作机械（辆）	1	0.03	3	0.10
播种机（辆）	0	0.00	1	0.03
收割机（辆）	0	0.00	1	0.03
其他农业机械设施（辆）	0	0.00	1	0.03

表 3-11 反映了贫困户和非贫困户的耕地占有情况。贫困户拥有可灌溉耕地 12.7 亩，户均拥有可灌溉耕地 0.41 亩；拥有旱地 105.6 亩，户均拥有旱地 3.41 亩；户均经营可灌溉耕地 0.19 亩、旱地 2.90 亩。非贫困户拥有可灌溉耕地 14.80 亩，旱地 129.50 亩；户均拥有可灌溉耕地 0.48 亩、旱地 4.18 亩；户均经营可灌溉耕地 0.10 亩、旱地 3.69 亩。在家庭耕地经营规模方面，灌溉地上贫困户经营规模稍大，旱地上非贫困户规模较大，造成这种情况的原因是灌溉地需要更多的时间进行经营，旱地经营相对较为简单。但总体耕地的经营规模是非贫困户显

著高于贫困户。实际上，如果从人均角度来看，非贫困户和贫困户的数据是基本差不多的，非贫困户家庭规模大于贫困户，涉及人口更多，另外土地是按照人口为单位进行分配的，如果家庭人口在土地确权分配后未发生明显变化，则人均耕地基本上是稳定的。非贫困户由于劳动力外出务工经商比例较高，土地被流转或交由别人耕种的可能性更大。

表3-11 王码村受访贫困户和非贫困户耕地面积对比

单位：亩

户别类型	灌溉耕地		旱 地	
	自有面积	经营面积	自有面积	经营面积
贫困户户均耕地	0.41	0.19	3.41	2.90
贫困户耕地总数	12.70	5.89	105.60	89.90
非贫困户户均耕地	0.48	0.10	4.18	3.69
非贫困户耕地总数	14.80	3.10	129.50	114.39

表3-12是贫困户与非贫困户的家庭存款（包括作为债权人的借出资金）与家庭负债（包括金融机构的贷款以及作为债务人借入的资金）总体情况。贫困户家庭户均存款8350.00元，非贫困户户均存款46185.19元；家庭负债贫困户户均22195.65元，户均家庭净货币资产为-13845.65元；贫困户在2016年共发生借贷14笔，涉及金额51.05万元[①]，其中只有1笔是为发展生产所发生的借贷，涉及金额2万元整；涉及助学2笔，金额为1.95万

---

　① 这一数字实际上是截至2016年累积的负债数字。

元；生活开支 2 笔，涉及金额 0.5 万元；其余 9 笔均为助病助残所发生，涉及金额 46.6 万元。可以想象疾病、残疾对于一个农村家庭生活的打击有多大。

相比较而言，非贫困户的状况就要好多了。截至 2016 年调研期，非贫困户的户均家庭存款高达 46185.19 元，家庭平均负债为 23652.17 元，户均家庭净货币资产为 22533.02 元。在非贫困户的负债中，有一笔是在市区买房而发生的债务，涉及金额 35 万元，如果除去该笔负债，整个非贫困户的负债总额只有 19.4 万元，平均水平只有 6062.5 元，远远低于贫困户。在非贫困户的 7 笔借贷中，1 笔为异地搬迁买房发生；婚丧嫁娶、助学和生活开支各 1 笔，涉及金额 8.4 万元；其余 3 笔为助病助残，涉及金额为 10.9 万元。

表 3-12　2016 年王码村受访贫困户与非贫困户家庭存贷对比

户别类型	家庭存款（元）	家庭负债（元）	贷款用途						笔数（笔）
			发展生产（户）	易地搬迁（户）	助学（户）	助病助残（户）	婚丧嫁娶（户）	生活开支（户）	
贫困户	8350.00	22195.65	1	0	2	9	0	2	14
非贫困户	46185.19	23652.17	0	1	1	3	1	1	7

四　社会保障情况

随着国民经济的快速发展，政府越来越关注农业、农村与农民的问题，将更多的资源投入农村，在确保农业发展的同时，将提高农民收入、解决农村贫困问题放在政府工作的首要位置。随着政府投入的不断增加，农村居民也开始越来越多地享受经济发展的成果。政府在给农业生产提供更多补贴的同时，也为农村居民提供各种社会保障，以增强农民抵抗风险的能力以及未来养老的保障。农村居民的社会保障系统有政府提供模式、商业模式以及混合模式。

目前农村社会保障主要由农村养老保险和农村医疗保险两部分构成。2009 年颁布，2010 年正式施行的新农保政策将农村居民的养老保险分成 60 岁及以上老年人和 16~59 岁有工作能力的老人两个部分。对于 60 岁及以上的老年人实施普惠的政策，可按月领取基本养老金直至亡故，不用缴纳养老保险；距领取年龄不足 15 年的，应按年缴费，也允许补缴，累计缴费不超过 15 年；距领取年龄超过 15 年的，应按年缴费，累计缴费不少于 15 年。养老保险的享受待遇：累计缴纳养老保险 15 年以上，并达到法定退休年龄，可以享受养老保险待遇。年满 16 周岁、不是在校学生、未参加城镇职工基本养老保险的农村居民，均可参加新农保，选择不同缴费档次，到退休年龄即可领取养老金，多缴多得。除了政府提供的养老保险，有能力的农村居民也可选择商业养老保险。

农村医疗保险目前主要是政府推动的新型农村合作医疗制度，该制度是以大病统筹为主兼顾小病理赔的农民医疗互助共济制度。新型农村合作医疗制度从 2003 年起在全国部分县（市）试点，到2010年逐步实现基本覆盖全国农村居民。目前农村合作医疗实行的是政府统筹、个人自愿参保缴费的模式。2014年新型农村合作医疗和城镇居民基本医疗保险筹资方法为各级财政对新农合和居民医疗保险人均补助标准在2013年的基础上提高40元，达到320元，农村居民个人缴费额度为每人每年180元。目前，政策范围内住院费用报销比例提高到75%左右，并且全面推开儿童白血病、先天性心脏病、结肠癌、直肠癌等20个病种的重大疾病保障试点工作。这一政策的推出对于解决困扰农村居民的"看不起病"问题起到了很大的作用，减少了因病致贫的发生。

由表3-13可知，目前王码村所有60岁及以上老年人均享有国家给予的基本养老保险，按月领取，这笔保障性养老收入对于缺少家庭赡养的老人来说非常重要。贫困户中总计有91人参与新农合医疗保险，1人属于城镇居民医疗保险，1人属于职工医疗保险，1人参加商业保险，无任何医疗保险的有1人，新农合医疗保险参与率为97.85%。非贫困户中，新农合医保参与114人，城镇居民医疗保险2人，职工医疗保险3人，无商业保险参与人员，无任何医疗保险者1人，新农合医疗保险参与率为85.83%。由于新农合医保需要参与者缴纳一定的费用，目前是每人每年180元，而且报销范围不包括日常的跌打损伤和感冒发烧等门诊费用，加上农村居民的保险意识不强，导致保险参与率最初时比较低，但随着参与者大病报销的示范作用的增强，参保率逐渐上升。未参保的主要是年岁较高且身体较为健康的老年人，但无论是贫困户还是非贫困户未参加任何医疗保险的均只有 1 人，表明居民的保险意识在增强。

与医疗保障相比，人们对于养老的保障意识相对较低。自古以来中国人的思维是"养儿防老"，以家庭养老为主。但随着人口老龄化的发展，独生子女成为社会的中坚，承受着"上有老，下有小"的沉重压力，老年人养老压力开始凸显，年轻人也开始认真对待养老的问题。在调查的样本中，31 户贫困户涉及 93 口人，其中参加新农保的有 63 人，无任何养老保险者 3 人。除去 21 个未成年人和 6 个 18 岁以上就学的成年人，贫困受访者应该参与新农合保险的人数为 66 人，实际参保人数为 63 人，参保率为 95.45%，这其中还有很多人享受的是基本养老保险，若去除这一部分人口，实际参保率将会很低。在非贫困户中参加或享有新农合养老保险的有 92 人，有 1 位有退休金，2 位拥有城镇居民基本养老保险，除去 21 位未成年人和 3 位在读学生，实际未参加任何养老保险的只有 4 人，非贫困户新农保覆盖率高达 95.83%，高于贫困户。导致这一结果的主要原因是新农保需要 16 岁以上村民自行缴纳养老费用，尽管这笔费用的缴纳从长远来看是有利的，解决了农民养老的后顾之忧，但对于一些捉襟见肘的贫困家庭而言这笔支出是当前的一笔沉重的负担，为解决当前的困难只能放弃参加新农保，而收入相对较高的非贫困户则更有能力对未来养老进行支付。

表 3-13　王码村贫困户和非贫困户的社保参与状况

单位：人

社保类别	医疗保障					养老保障				
	新农合	城镇医保	职工医保	商业保险	均无	新农保	城镇保险	商业保险	退休金	均无
非贫困户	114	2	3	0	1	92	2	0	1	4
贫困户	91	1	1	1	1	63	0	0	0	3

医疗与养老保障的差别使得贫困户抵御风险的能力进一步下降，因病致贫的概率更大。良好的社会保障制度是贫困的最后一道防线，加强贫困户的社保意识和风险意识是防止其陷入重度贫困的重要举措，也是后续扶贫政策的方向。

五　生活满意度

生活满意度是指人们基于自身物质与精神需求满足状况以及与周围人进行比较后产生的自我评价。生活满意程度并不唯一取决于物质水平的绝对数量，更多时候生活满意度的高低更与相对过去以及相对周围人的比较水平相关，当然也与个体的特征有关。一般而言，生活满意度越高，人们的幸福感水平越高，物质与精神需求越能得到满足。

表 3-14 中的数据是在原始数据分类的基础上将回答满意、幸福感等正面回答归为一类，反映出对某个分项指标总体是肯定的。为进行对比以及受表格限制，将每项指标最负面的回答单独抽出进行对比。

总体满意度是居民对目前状况的一种总体感觉。从总体来看贫困户普遍对目前的生活状况不满意，回答满意以上答案的只有 6 人，占比仅为 19.35%；感觉很不满意的有 4 人，占比为 12.90%。非贫困户对目前状况比较满意，回答满意以上的为 22 人，占比高达 70.97%，无人回答很不满意。

　　在幸福感的选项上，贫困户受访者正面回答的有 7 人，最负面回答的有 3 人，占比分别为 22.58% 和 9.68%；非贫困户对这一问题正面回答的有 23 人，占比为 74.19%；无人选择最负面选项。

　　在与过去五年状况或感受进行比较时，贫困户中有 21 人认为现在状况比以前好，占比为 67.74%；无人认为现在比过去五年差很多。非贫困户中认为比过去五年状况好的为 26 人，占比为 83.87%；无人认为现在状况比以前差很多。这表明无论是贫困户还是非贫困户，在这五年中的生活感受都是提升的，不过贫困户的感受没有非贫困户强，因为生活水平的提高没有非贫困户程度大。

　　对于未来五年的期望，贫困户中有 17 人认为将会更好，占比达到 54.84%；无人认为未来会比现在差很多。非贫困户中有 23 人认为将会更好，占比为 74.19%，也无人认为未来状况会比现在差很多。

　　在与亲戚朋友相比的选项回答中，贫困户中仅有一人认为比他们好，占比仅为 3.23%；有 12 人认为他们比亲戚朋友差很多，占比 38.71%。非贫困户中有 11 人认为他们比亲戚朋友过得好，占比为 35.48%，仅有 1 人认为比亲戚朋友差很多，占比仅为 3.23%。

在与同村人相比中，贫困户中认为比别人好的也只有 1 人，占比为 3.23%；但是认为差很多的有 10 人，占比为 32.26%。非贫困户中有 13 人认为比同村人状况好，占比为 41.94%，无人认为比同村人差很多。

表 3-14　王码村受访贫困户和非贫困户生活满意度指标对比

单位：人，%

指标类别	满意程度	贫困户		非贫困户	
		绝对数	比例	绝对数	比例
总体满意度	满意	6	19.35	22	70.97
	很不满意	4	12.90	0	0.00
幸福感	幸福	7	22.58	23	74.19
	非常不幸福	3	9.68	0	0
与过去五年比	好	21	67.74	26	83.87
	差很多	0	0	0	0
未来五年期望	更好	17	54.84	23	74.19
	差很多	0	0	0	0
与亲戚朋友比	好	1	3.23	11	35.48
	差很多	12	38.71	1	3.23
与同村人比	好	1	3.23	13	41.94
	差很多	10	32.26	0	0

从这组数据的对比中可以看出贫困户无论是在自身的满意度评价上还是在与周围人的对比上均处于不太好的状态，自身的经济压力与精神压力较大，因为贫穷导致心理上处于劣势。但幸运的是他们对未来还是有一定信心的，尤其是近几年政府对贫困户的各种政策帮扶使他们竖立起对未来的信心。

第四章

扶贫政策及实施效果

第一节　侧重于苏北的省级扶贫政策

　　与其他省市一样，江苏省历来注重扶贫工作，由于苏南苏北区域经济发展差别较大，江苏省的扶贫工作中心主要集中在苏北地区。截至 2018 年，江苏省有省级贫困县 16 个，分别为淮安市的盱眙、淮阴、涟水，徐州市的丰县、睢宁，盐城市的滨海、阜宁、响水，宿迁市的沭阳、宿豫、泗洪、泗阳，连云港市的灌南、灌云、东海、赣榆等。

一　江苏省扶贫目标

　　江苏省扶贫工作在坚持党政主导、社会参与，依法推进、健全制度，精准识别、精准施策以及改革创新、增强内力这四个原则的基础上，要求各地党委政府对本行政区域内的扶贫开发负总责，将扶贫开发纳入经济社会发展战略及总体规划。各相关部门根据扶贫开发总体要求，结合各自职能，发挥优势、密切协作，在政策制定、规划编制、资金分配、项目实施等方面向经济薄弱地区倾斜。广泛动员社会力量支持参与帮扶，形成扶贫开发合力。要求依据《江苏省农村扶贫开发条例》推进农村扶贫开发工作，规范农村扶贫开发行为，建立健全精准扶贫精准脱贫工作机制、"五方挂钩"帮扶机制、重点片区整体帮扶机制、金融扶贫机制、社会帮扶机制等，完善扶贫资金和资产管理、驻村帮扶等工作制度，着力建立脱贫帮扶的有效制度和长效机制。

扶贫目标是以人均年收入低于 6000 元作为扶贫标准，到 2020 年使 277 万建档立卡农村低收入人口人均年收入超过 6000 元，生活水平明显提高，义务教育、基本医疗和公共服务得到有效保障。将全省 821 个发展最薄弱的村作为重点帮扶村，力争到 2020 年，村集体经济年收入达到 18 万元以上。把低收入人口和经济薄弱村相对集中的湖西老区、涟沭结合部、西南岗地区、成子湖周边地区、石梁河库区、灌溉总渠以北地区 6 个片区，黄桥、茅山等革命老区作为重点扶贫区域。力争通过 4~5 年努力，基本解决制约重点区域发展和农民增收的突出问题，全面改善基本生产生活条件，使基本公共服务主要指标接近全省平均水平。加强丰县、睢宁、灌云、灌南、淮安、淮阴、涟水、响水、滨海、沭阳、泗阳、泗洪等 12 个重点县（区）帮扶力量，继续派驻省委帮扶工作队，建立重点县退出机制，12 个重点县（区）2017 年底退出 6 个，到 2019 年底全部退出。鼓励省重点帮扶县（区）积极通过自身努力提前实现退出目标。

二　省级扶贫政策体系

围绕落实精准扶贫精准脱贫基本方略，在现有普惠政策基础上，江苏省重点实施产业引领、就业创业、教育助力、健康援助、金融助推、基础支撑、国土支持、企业帮村八项脱贫致富行动。

产业扶贫是针对经济薄弱地区特色产业精准开展扶贫规划，合理确定产业发展方向、重点和规模，增强产业发展的持续性和有效性，重点支持低收入农户因地制宜发展种植业、养殖业和传统手工业。鼓励农业经营新型主体通过土地托管、吸收入股等多种方式带动低收入农户增收，建立稳定的利益联结机制。支持经济薄弱村集体领办土地股份合作社，鼓励低收入农户以土地承包经营权入股。实施"互联网 +"扶贫工程，促进一二三产业融合发展。具备条件的地区，探索建立扶贫产业基金，吸引社会资本参与产业扶贫。

就业创业扶贫是通过增加有劳动能力的贫困群体就业机会和提供其创业支持来实现脱贫致富。低收入农户劳动力参加职业培训符合条件的，按规定享受相应职业培训补贴；从事个体经营或灵活就业并参加城镇企业职工社会保险的，经申报认定后给予3年以内不低于1/2、不高于2/3的个人社会保险补贴。对符合条件的低收入农户劳动力从事个体经营的，在3年内按每户每年9600元为限额依次扣减其当年实际应缴纳的各种税费；对企业吸纳符合条件的贫困人员就业的，在3年内根据人数按每年5200元为定额依次扣减相关税费。通过就业扶贫支持政策实现脱贫的农村低保家庭，2年内继续享受原扶持政策。为鼓励创业，政府扩大创业担保贷款基金规模，给予低收入农户劳动力创业者个人最高10万元的创业担保贴息贷款。

教育扶贫上，对建档立卡家庭经济困难的学生，在学前和义务教育阶段提供生活费补助，从2016年秋季学期起，全面免除在普通高中学习的建档立卡家庭经济困难学生学杂费；对在普通高校本、专科阶段学习的建档立卡家庭经济困难的学生免除学费。建档立卡家庭经济困难学生申请政府资助或国家助学贷款时，只需要持有帮扶手册即可办理。实施乡村教师支持计划，为经济薄弱地区乡村学校定向培养优秀教师，提高农村教育水平。

健康扶贫的目的是提高经济薄弱地区城乡居民基本医疗保险和大病保险制度实际筹资水平，提高贫困户抗风险能力，避免或减少因病致贫的发生。符合条件的建档立卡低收入农户，其参加城乡居民基本医疗保险的个人缴费部分，由医疗救助基金全额补贴。提高城乡居民基本医疗保险政策范围内住院费用报销比例，降低大病保险起付线，适当扩大合规费用范围，逐步提高保障水平。

将符合条件的低收入农户全部纳入重特大疾病救助范围。将低收入农户纳入乡村医生签约服务范围，提供基本公共卫生服务、基本医疗服务和健康综合服务，服务费用由医疗保险（城乡居民医保）基金、基本公共卫生服务经费和财政补助分担。为低收入人口每人建立1份动态管理的电子健康档案。建立建档立卡低收入人口患病报告制度，及时掌握农村低收入人口因病致贫、因病返贫家庭数和患病人员情况。加大对经济薄弱地区县、乡、村三级医疗卫生服务机构的帮扶力度，加大传染病、地方病、慢性病的防控力度。

金融扶贫方面，继续完善扶贫小额贷款贴息奖励政策，面向建档立卡低收入农户，将农户单户贷款额度由1万元提高到2万元；扩大扶贫贷款认定范围，涵盖已实现脱贫的上期建档立卡农户，设定2~3年观察期，在观察期内持续提供扶贫贷款支持。鼓励各类银行业金融机构为低收入农户提供免抵押、免担保的小额信用贷款。针对低收入农户资金需求特点，灵活确定贷款期限，合理确定贷款额度。支持经济薄弱地区开展特色农产品价格保险，有条件的地方可给予一定保费补贴。全面推进经济薄弱地区人身和财产安全保险业务，鼓励地方在捆绑财政专项扶贫资金、相关涉农资金和社会帮扶资金时，明确一定比例用于建档立卡低收入农户购买商业保险。建立健全经济薄弱地区融资风险分担和补偿机制，鼓励有条件的地方设立扶贫贷款风险补偿基金和担保基金，专项用于低收入农户贷款以及带动其就业的家庭农场、种养大户、专业合作社和产业化龙头企业等新型农业经营主体贷款的风险补偿。

基础设施支撑扶贫。通过畅通经济薄弱地区交通主动脉，推动国家和省连接经济薄弱地区的重大交通项目建设，加强经济薄弱地区农村公路建设，适当提高农村公路建设补助标准。加快推动"交通＋生态旅游""交通＋特色产业""交通＋电商快递"扶贫，使交通扶贫支撑特色产业发展的功能更加突出。支持供销合作社、邮政以及大型流通、电商企业建设农村电子商务配送及综合服务网络。完善网购、缴费、电子结算和取送货等服务功能，打通农村电子商务"最后一公里"。加快经济薄弱地区重大水利工程建设进度，着力抓好小型农田水利等建设，改善农村生产生活条件。大力推进经济薄弱地区农业综合开发和高标准农田建设，提高农田基础设施配套水平。推进经济薄弱地区"光网乡村"工程建设，实现"千兆进经济薄弱村、百兆入低收入农户"的宽度接入能力，加快 4G 网络在经济薄弱地区的布局与普及应用。

国土扶贫是各地新增建设用地计划指标优先保障扶贫开发用地需要，对经济薄弱地区列入省重大产业项目以及省级立项的单独选址项目给予优先保障。每年安排省级新增建设用地有偿使用费土地整治项目不少于 1 个，鼓励支持申报耕地开垦废土地整治项目；每年向省级补充耕地指标交易平台提供一定数量的交易出让指标，交易收入全额返还。支持开展同一乡镇范围内村庄建设用地布局调整试点工作，推进建设用地布局优化和减量化。

企业帮村扶贫通过组织全省优秀民营企业参与帮扶省定经济薄弱村，与贫困村结对帮扶、村企共建，实现企业帮村全覆盖。引导民营企业通过投资兴办企业，开发结对村资源，实施产业扶贫，带动经济薄弱村经济发展。发挥民营企业市场、渠道和信息优势，通过一村一企、一企多村等形式，带动低收入农户增收。鼓励为结对村提供就业岗位，开展技术培训，促进农户长期稳定就业。引导民营企业通过捐款捐物、助学、助老、助残、助医等形式，改善结对村群众生产生活条件。认真落实扶贫捐赠税前扣除、税收减免、信贷支持、财政贴息、扶持资金倾斜等优惠政策，调动民营企业参与扶贫开发的积极性。

三　江苏省的社会帮扶政策

　　为确保扶贫政策的落实和效果，江苏省将省级机关部门、大型企业、高校科研院所、苏南发达县市与苏北经济薄弱县区连接起来，实施"五方挂钩"帮扶机制。"五方挂钩"协调小组正、副组长单位要挂钩帮扶 2 个以上省定经济薄弱村，其他成员单位挂钩帮扶 1 个以上省定经济薄弱村，并实行单位包干帮扶责任制。省级"五方挂钩"帮扶单位挂钩的经济薄弱村，2 年内要实现省定脱贫目标；正、副组长单位挂钩帮扶的经济薄弱村，要努力建成脱贫致富奔小康示范村。强化干部驻村帮扶措施，省、市、县三级同步选派干部到经济薄弱村任党组织第一书记，实现全覆盖。坚持"一个帮扶队员驻村、一个科技特派员挂钩、一个工商企业帮扶、一个富村结对、一个主导产业带动"的"五个一"到村工作机制。强化领导干部建立扶贫联系点、"五方挂钩"单位挂钩经济薄弱村、党员干部结对帮扶低收入农户措施，推动帮扶对象、帮扶责任人和帮扶项目"三落实"，不脱贫不脱钩。

除"五方挂钩"实施对口帮扶外，进一步鼓励其他社会力量实施贫困帮扶。鼓励支持各类企业、社会组织、个人广泛参与扶贫开发，鼓励公众通过爱心捐赠、志愿服务、结对帮扶等形式参与扶贫济困。发挥科协、工会、共青团、妇联等群众组织作用，发挥各民主党派、无党派人士在人才和智力扶贫上的优势，有针对性地组织开展社会扶贫活动。

另外，通过建设社会扶贫信息服务平台，探索发展公益众筹资金扶贫。健全精准扶贫信息化服务体系，进一步提升精准帮扶、信息发布、扶贫宣传、政策法规、社会帮扶、社会救助等工作水平。按照精准扶贫、科学扶贫要求，以重点片区整体帮扶规划、建档立卡经济薄弱村和低收入农户信息为基础，建立精准化的社会扶贫资源配置机制，推进扶贫资源供给与扶贫需求的有效对接，提高社会扶贫资源利用效率。

四 江苏省的保障政策

为保障无劳动能力的特殊贫困群体以及防止脱贫后的返贫现象，需要在以上政策支持的基础上进行进一步保障，将扶贫的开发政策与社会保障结合起来，将扶贫工作作为一项长期性工作常抓不懈。具体支撑政策有：将扶贫政策与社保进行衔接，加强对农村残疾人口的政策倾斜和促进农村基本公共设施和服务持续发展。

在与社会保障制度有效衔接上，将无劳动能力低收入人口纳入兜底保障，按时序进度倒排年度农村低保最低保障标准。享受农村低保的低收入农户劳动力创业后能够正常经营但家庭人均收入仍低于当地低保标准 2 倍以下的，在一定期限内保留其享受最低生活保障。进一步细化特困人员"三无"认定条件，规范认定和终止程序，及时将符合条件的居民纳入特困人员供养范围，并根据其自身生活状况给予相应救助，确保完全或部分丧失生活自理能力的特困人员优先到供养服务机构集中供养，获得稳定的生活照料。提高医疗救助水平，重点救助对象基本医保政策范围内自负费用的救助比例高于 70%，年度封顶线高于当地基本医保封顶线的 50%。重点做好低保对象、特困供养人员和建档立卡低收入人口的防灾减灾工作，加强自然灾害风险隐患排查和治理。建立健全农村留守儿童、留守妇女、留守老人和残疾人关爱服务体系，引导和鼓励社会力量参与特殊群体关爱服务工作。

针对农村残疾人，加大帮扶力度，把农村低收入残疾人和重度残疾人作为重点扶持对象，纳入精准扶贫工作机制。对有劳动能力的低收入残疾人，加大就业创业扶持力度。对家庭生活困难、靠家庭供养且无法单独立户的成年无业重度残疾人，经个人申请，可按照单人户纳入最低生活保障范围。加大农村贫困残疾人康复服务和医疗救助力度，扩大纳入基本医疗保险范围的残疾人医疗康复项目，完善重度残疾人医疗报销制度，做好重度残疾人就医费用结算服务。全面建立困难残疾人生活补贴和重度残疾人护理补贴制度。落实低收入残疾人家庭生活用电、水、气、暖等费用优惠和补贴政策。落实低收入和重度残疾人参加城乡居民基本养老保险、城镇居民医疗保险、新型农村合作医疗个人缴费资助政策。

在普惠的公共服务和公共设施方面，加大农村交通、水利等基础设施建设投入力度，推动城乡资源要素自由流动，推进城乡基本公共服务均等化，支持公共资源配置优先向农村地区、经济薄弱地区、革命老区倾斜。支持革命老区推进土地整治和高标准农田建设，在安排建设任务和补助资金时予以倾斜。在经济薄弱地区大力实施特色小镇培育与小城镇建设整治行动、村庄环境改善提升行动和拉网式农村环境综合整治试点，建立健全"五有"村庄环境长效管护机制，建设美丽宜居乡村，切实改善经济薄弱村人居环境。加强农村环境基础设施建设，完善生活垃圾收运体系，加大村庄生活污水和河道等水系治理力度，基本完成农村无害化卫生户厕改造。加大农村面源污染和畜禽养殖污染防治力度，全面推进秸秆禁烧禁抛，推进种养业废弃物资源化综合利用、无害化处置。实施文化惠民工程、农家书屋提升工程、农村电影放映提升工程，以及中央广播电视节目无线数字化覆盖工程、应急广播体系建设工程，加强苏北农村公共文化阵地建设，大力推进基层综合性文化服务中心建设，基本实现全省行政村（社区）综合性文化服务中心全覆盖。完善以城带乡联动机制，均衡配置经济薄弱地区公共文化资源，开展流动服务和数字服务。

第二节　差异化的市县级扶贫政策

省级政府的扶贫政策及规划实施多数属于指导性政策，只确定基本扶贫方向，所有政策最终需要市县级政府具体落实，根据省级政府的政策导向进行措施分解与细则出台，并结合具体村镇的实际情况进行差别化处理。基于省政府的扶贫指导思想和原则，淮安市委、市政府结合本市的实际情况进行政策细化，淮阴区则在市委、市政府扶贫细则上进行具体实施办法的制定。

一　淮安市扶贫政策

根据省委、省政府确定的扶贫标准，淮安市扶贫目标确定为到 2020 年低收入人口的年均收入达到 6000 元，生活水平明显提高，义务教育、基本医疗和公共服务得到有效保障；经济薄弱村达到更高水平的新"八有"，集体经济年收入达到 18 万元；重点片区面貌显著改善，基本公共服务主要指标接近全市平均水平；3 个省重点帮扶县（区）

分批退出，全市以县（区）为单位基本建立缓解相对贫困的长效机制。为实现这一目标，淮安市委、市政府进行具体的政策分解，多渠道、多举措促进贫困人口精准脱贫。

市委、市政府责成市扶贫办牵头，联合统计局、国调队、民政局、卫计委以及人社局等单位对精准扶贫精准脱贫工作建立新的工作机制，重抓精准，做好精准识别、建档立卡、贫困人口状况登记工作，加强建档立卡户的数据与民政、卫生计生、人社等部门互联互通、资源共享，这是实施精准扶贫的前提。在精准的基础上进一步实施具体的扶贫政策，政策体系上实现由面带动、点面结合，一方面加强经济薄弱村的整体实力，增强经济薄弱村的自身造血功能；另一方面实现对贫困户的对点扶贫，帮扶其脱贫，强化贫困户尤其是丧失劳动能力的贫困户的长期脱贫机制。

1. 以面带动——区域整体帮扶政策体系

这里把贫困区分为两个层次，即集体贫困和个体贫困，前者是指经济薄弱村，后者是指独立的贫困户个体。经济薄弱村并不是全村居民均为贫困户，而是是指整个村集体的集体收入低于省定年收入18万元的标准。贫困户既可能存在于经济薄弱村，也可能在非经济薄弱村中存在，但是从比例上看经济薄弱村的贫困户多于非经济薄弱村。扶贫政策既具有普惠的特征，也具有针对特定群体的特征。通过对经济薄弱村的专门政策提高集体经济水平，提高村集体层面上对贫困户的帮扶能力和促进村集体扶贫事业的发展。

片区政策上，首先对重点扶贫片区进行精准识别基础上的调整，将调整后的扶贫片区作为重点，集中帮扶力量进行整体帮扶脱贫。其次，责成市扶贫办牵头，联合相关单位和部门制定片区整体帮扶规划，加大重点片区资金投入力度，加强片区饮水、交通、农田水利、农业综合开发、电力通信、环保等基础设施建设；大力培育优势特色产业，加快教育、卫生、文化等社会事业发展步伐，提高社会保障水平；认真编制重点片区年度帮扶项目规划，加强统筹协调，推动片区整体帮扶规划实施。

经济薄弱村帮扶上，由市扶贫办牵头，联合农委、农工部等部门对经济薄弱村进行摸底，开展建档立卡工作，设立市定经济薄弱村 60 个，实现市、县或区分级实施帮扶。重点是发展村集体经济，增强集体经济对低收入贫困户的脱贫带动作用。支持经济薄弱村积极创新，多方开源，实现集体经济增收；支持村集体经济组织进行土地流转或利用集体机动地、复垦地发展现代特色农业；鼓励村集体盘活闲置经营性资产和建设用地，开展租赁等经营业务；鼓励经济薄弱村依托自然人文生态资源，发展乡村旅游，实施乡村旅游扶贫工程；引导村集体创办农地股份合作社、农机专业合作社、耕作服务社、劳务合作社等新型经营主体，开展直接经营或统一服务，促进村集体和农民增收。

2. 以点突击——低收入贫困户扶贫措施

在产业扶贫上，由市农委牵头联合农工部、扶贫办、国土资源局等多部门根据各县（区）的产业特色和贫困户的劳动力状况，逐户制定产业帮扶计划。加快"4+1"现代农业发展，即大力发展优质稻米、高效园艺、规模畜禽、特色水产和休闲农业，增强优势产业带动和辐射周边低收入农户增收脱贫的作用。充分利用经济薄弱地区农业园区、农业龙头企业和农民专业合作社、家庭农场等，建立低收入农户扶贫基地，通过开展生产技术培训，提供种子种苗、化肥农药、农业机械和统一组织农产品销售等，支持低收入农户因地制宜发展设施蔬菜、食用菌栽培、水产养殖、畜禽养殖、花木种植等种养业。支持经济薄弱地区发展农产品加工业，实施一二三产业融合发展，让低收入农户分享增值收益。充分发挥当地传统手工业的优势，发展适合低收入农户的渔网、草绳、花篮等编织业。加大"互联网+"扶贫力度，强化农产品品牌营销，加快发展农村电子商务，促进低收入农户增收致富。

在就业扶贫上，由市人社局牵头，联合教育局、农委、经信委和扶贫办等单位建立贫困户劳动力就业申报登记制度，逐村逐户建立台账，全面了解贫困户的劳动力状况和就业状况，实施针对性的就业引导政策，通过提供免费培训提升就业能力。鼓励职业院校和技工学校招收低收入农户子女，支持科技入户、三新工程等项目资金向低收入农户倾斜，使低收入农户劳动力至少掌握一门致富技能。确保有培训愿望的低收入劳动力都享受培训机会。加快推进县（区）开发区和乡镇工业集中区建设，优先吸纳低收入劳动力就近就业。对低收入农户特殊困难劳动力，实施政府购岗扶持就业。加大对经济薄弱地区农民工返乡创业扶持力度，鼓励引导有条件的农民自主创业、返乡创业，以创业带动就业。支持经济薄弱地区乡村组建劳务合作社，承接各类公益性服务项目，为低收入农户提供就业岗位。

在教育扶贫上，由市教育局牵头，联合财政局和人社局等部门着力帮助低收入农户子女接受公平有质量的教育，阻断贫困代际传递。要求县（区）级教育经费向经济薄弱地区基础教育和职业教育倾斜，建立健全经济薄弱地区学前教育资助制度，帮助低收入农户幼儿接受学前教育。大力支持经济薄弱地区乡村教师队伍建设，制定符合基层实际的教师招聘办法，建立全市统筹规划、统一选拔的乡村教师补充机制，优先补足配齐乡村学校教师，推动城乡教师合理流动和对口支援。合理布局经济薄弱地区的农村中小学校，落实义务教育学校办学标准，改善义务教育薄弱学校基本办学条件，加强寄宿制学校建设，巩固义务教育成果。免除建档立卡家庭经济困难学生的普通高中学杂费，推进中等职业教育在免除学杂费的基础上，扩大特困生助学金发放比例，让未升入普通高中的初中毕业生都能接受中等职业教育。加大对低收入农户大学生的救助力度。

在健康扶贫上，由卫计委牵头，联合民政局、残联、慈善总会等单位，保障低收入人口享有基本医疗卫生服务，防止因病致贫返贫。建档立卡低收入人口参加城乡居民基本医疗保险个人缴费部分，由医疗救助基金全额补贴。提高城乡居民基本医疗保险、大病保险实际筹资和保障水平，减少低收入人口大病费用实际支出。将省定 7 类重点医疗救助对象全部纳入医疗救助范围，加强医疗保障和社会救助的衔接。对城乡居民基本医疗保险和大病保险医疗救助支付后自负费用仍有困难的，加大慈善帮扶力度，使低收入人口大病医治得到有效保障。建立低收入人口健康卡，对低收入人口大病实行先诊疗后付费的结算机制。推进经济薄弱地区县、乡、村三级医疗卫生服务网络标准化建设，促进远程医疗诊治和保健咨询服务向经济薄弱村延伸覆盖。为经济薄弱地区农村基层医疗卫生机构订单式定向免费培养医学类本专科学生，支持以全科医生为主的基层骨干遴选计划，引导符合条件的经济薄弱地区乡村医生按规定参加企业职工基本养老保险。有针对性地采取措施，加强经济薄弱地区传染病、地方病、慢性病等防治工作。健全完善困难残疾人生活补贴和重度残疾人护理补贴制度，加大对符合条件的建档立卡低收入残疾人康复服务和医疗救助力度。

在兜底扶贫上，由市民政局牵头，联合扶贫办、财政局和人社局等单位负责完善农村最低生活保障制度，在精准的基础上实施动态调整，对无法依靠其他脱贫方式脱贫的低收入农户实行政策性保障兜底。强化农村低保申请家庭经济状况核查工作，将所有符合条件的低收入农户纳入低保范围，做到应保尽保。家庭生活困难、靠家庭供养且无法单独立户的成年重度残疾人，经个人申请，可按照单人户纳入最低生活保障范围。加大临时救助制度实施力度，帮助低收入农户解决特殊困难。提高农村特困人员供养水平，改善供养条件。健全完善城乡居民基本养老保险制度，逐步提高基础养老金标准，引导农村低收入人口积极参保续保，逐步提高保障水平，减少因老致贫返贫。

在资产收益扶贫上，由扶贫办牵头，联合财政局、农工部、农机局、供销社等部门对乡镇集体所有资产进行全面清理摸底，将由财政专项资金建设或购买的厂房、门面等进行对外出租，所得租金收益至少50%用于贫困户分配。投入设施农业、养殖、光伏、农业机械、乡村旅游等项目形成的资产，可折股量化给经济薄弱村和低收入农户，尤其是丧失劳动能力的低收入农户，建立健全收益分配机制，确保资产收益及时回馈持股的低收入农户。支持农民合作社和其他经营主体通过土地托管、吸收农民土地经营权入股等方式，带动低收入农户增收脱贫。

3. 支撑政策体系

无论是以片区和集体为帮扶对象的扶持政策还是以点为对象的具体帮扶政策都不是独立的，需要在政府层面上建立一系列的政策体系以保障这些具体帮扶政策的落地实施。

扶贫资金来源上，加大政府财政投入力度，发挥政府力量在扶贫工作中的主导和引领作用。完善市级财政专项扶贫资金投入机制，所有涉农资金要优先支持重点片区和经济薄弱村；市级各部门安排的各项惠民政策、项目和工程，要最大限度地向重点片区、经济薄弱村和低收入人口倾斜。在此基础上，县（区）政府根据本地区扶贫需要调整财政支出结构，加大扶贫资金投入力度，将扶贫资金纳入年度财政预算，重点县（区）每年新增财力要划出 10%、安排不低于 800 万元的专项资金用于扶贫开发，非重点县（区）每年扶贫开发专项资金要不低于 300 万元。市级扶贫专项资金由县（区）论证确定并组织实施，创新财政扶贫资金使用方式，提高财政资金的扶贫效率。

金融扶贫支持上，着力通过市级政府层面积极引导各类金融机构加强对扶贫开发的金融支持。鼓励经济薄弱地区设立扶贫贷款风险补偿基金，鼓励金融机构为农村低收入农户提供免抵押、免担保的扶贫小额信贷；完善扶贫小额贷款贴息奖励政策，将面向建档立卡低收入农户的单笔贷款额度由 1 万元提高到 2 万元；充分利用国家扶贫再贷款政策，支持重点片区和经济薄弱村发展特色产业，促进低收入人口就业创业；加大创业担保贷款、助学贷款、妇女小额贷款、康复扶贫贷款实施力度；支持经济薄弱地区设立政府出资的涉农担保机构，重点开展涉农及扶贫担保业务；加强经济薄弱地区金融服务基础设施建设，优化金融生态环境。

扶贫开发的土地政策上，在做好土地利用总体规划基础上，统筹考虑重点帮扶县（区）扶贫开发项目用地需求，支持重点帮扶县（区）申报城乡建设用地增减挂钩项目并在指标分配时予以适度倾斜，鼓励土地经营权的适度流转和集体所有土地的开发。市级土地整治项目和资金安排向重点片区倾斜。优先安排重点帮扶县（区）国土资源管理制度改革有关试点工作，支持开展历史遗留工矿废弃地复垦利用、城镇低效用地再开发和低丘缓坡荒滩等未利用地开发利用试点。

除以上保障政策之外，还积极为社会力量参与扶贫工作提供便利和激励。通过建立"挂钩机制"，动员事业单位向经济薄弱村派驻扶贫干部，鼓励党员干部与贫困户结对子，为贫困户脱贫提供资金与智力支持。通过互利共赢机制，吸引社会资本进入片区，通过促进产业发展，带动集体经济，增加就业机会。通过开放更多渠道吸收社会捐赠，改善贫困户的状况。

二　淮阴区政策落实情况

基于省、市级扶贫政策思路，淮阴区对政策任务进行分解并落实，依据淮阴区的资源及贫困状况，主要做了以下工作。

在健康扶贫上，一是实施各类健康医疗保障政策。2017 年率先实施贫困人口患病住院"先诊疗后付费"政策，贫困患者患病住院时无须缴纳任何费用，出院时只需要支付个人自付部分。2017 年 6 月起实施"两降两提"健康扶贫政策，即乡镇卫生院、二级和三级医院住院补偿起付线分别下降 100 元、200 元和 300 元，降低后的起付线分别为 200 元、400 元、600 元；二、三级医院住院补偿比例提高 5%；大病保险起付线下降 50%，补偿比例提高 10%，调整后的大病保险起付线为 6000 元，相应费用段补偿比例分别为 60%、70%。2018 年起低收入人口大病保险起付线为 7500 元（比普通参保患者降低 50%），各报销段报销比例比普通参保患者提高 5 个百分点。参保低收入人口在医疗保险结算年度内超过起付标准的合规医疗费用在 6 万元以下（含 6 万元）的部分，按 55% 支付；6 万元至 10 万元（含 10 万元），按 75% 支付；10 万元以上的部分，按 90% 支付。

二是拓宽部分病种减负新渠道。开展"善行淮阴眼健康公益行"活动，区内白内障患者实现完全免费手术治疗，采取"集中筛查、统一手术、上门接送、免费食宿、个人零支付"的办法降低医疗负担和避免因病致贫的发生。同时，对于尿毒症中的血透项目实行"零付费"治疗，切实减轻患者负担，缓解贫困家庭的经济压力。

教育扶贫上，健全完善建档立卡贫困户助学政策体系。对贫困户的就学子女，从幼儿园到大学进行分阶段补助。每生每学期在各阶段的补贴额度为：幼儿园 500 元、小学 500 元、初中 625 元、高中 1000 元、职中 1000 元。就读于公办高校的新生享受一次性补贴：大专 2000 元、本科 4000 元。2017 年起对低收入学龄人口实现"应助尽助"，全面免除建档立卡贫困户家庭子女在普通高中学习的学杂费，按照每生每学期 800 元的标准予以减免。2017 年共减免 899 人次 71.92 万元。

保障兜底政策落实上，一是减轻建档立卡低收入人口养老保险缴费负担。重度残疾人缴费困难群体由政府代缴。2017 年 10 月起对建档立卡低收入群体保留 100 元的最低缴费档次，2018 年未标注脱贫的建档立卡低收入人口养老保险个人缴费 100 元 / 年将由淮阴区财政代缴。二是减轻建档立卡低收入人口医疗保险缴费负担。2017 年未参加当年新型农村合作医疗的低收入人口个人缴费部分由财政给予全额补贴，财政合计支出 304.33 万元。2018 年所有建档立卡低收入人口参加居民基本医疗保险的，个人缴费部分由财政给予全额补助。

在提高城乡低保和特困人员供养水平上，淮阴区城乡居民最低生活保障标准分别为 550 元、460 元，补差标准按照低保家庭实际收入进行测算。提高五保供养标准，分散供养、集中供养标准每人每年分别提高到 6703 元、7503 元，切实改善供养条件。城市"三无"人员年供养标准为每人每年 14197 元。社会散居孤儿每人每月 1350 元，监护人监护缺失儿童每人每月 1080 元，监护人无力履行监护职责儿童每人每月 675 元，重残、重病及流浪儿童每人每月 405 元。困难残疾人生活补贴按照提标后的城乡低保标准的补助比例执行。完善残疾人"两项补贴"制度，提高"困残生活补贴"和"重残护理补贴"标准，农村一级肢体、盲视力以及一级、二级智力、精神残疾且需要长期照护的重度残疾人，按 130 元 / 月·人的标准发放，城镇按 170 元的标准发放；农村二级肢体、盲视力且需要长期照护的重度残疾人，分别按 140 元 / 月·人、110 元 / 月·人的标准发放，城镇按 140 元 / 月·人的标准发放。

另外，淮阴区民政局、慈善总会、红十字会等部门多渠道对特困群体进行多形式的救助。2017年淮阴区民政部门共救助困难群众41803人次，各类救助发放资金10291.24万元。其中农村低保保障8154户16933人，年度累计发放低保金5070.27万元；城市低保保障315户577人，年度累计发放低保金238.73万元；医疗救助12209人次，年度累计发放医疗救助金1764.95万元；临时救助5564人次，年度累计发放资金319.49万元；困难残疾人生活补贴保障困难残疾人5635人，年度累计发放资金2794.6万元；重度残疾人护理补贴保障重度残疾人885人，年度累计发放资金103.2万元。

就业扶贫上，一是实施按需培训，提高就业技能，提供就业机会。根据全区有劳力、缺技术的低收入人口统计分析结果，排出培训及就业需求，实施按需培训，提升低收入人口的就业技能，并及时通过手机APP推送就业信息、帮扶责任人介绍务工、低收入人口专业招聘会等方式扩大低收入人口就业面。2017年全区对526名低收入妇女进行月嫂培训；全区进行养殖等新型农民职业培训约3500人，农业技术入户培训约1120户。

二是实施"家门口就业工程"，让"走不出、走不开、走不远"的劳动力就近就业。积极鼓励高新区、工业园区企业入乡进村开设扶贫车间，让更多贫困户在"家门口"就业增收；同时积极发展集体经济产业，让低收入群体和具有部分劳动力的贫困人口有更多的就业机会。王码村基于前期瓜蒌项目的实施经验，在邻近的跨洪村流转土地扩大瓜蒌种植规模，为两村的低收入人口和具有部分劳动力的贫困人口提供了一定的就业机会。

金融扶贫政策落实上，淮阴区政府认真落实省扶贫办政策精神，实行贫困户小额贷款利息由省财政和区财政各贴息一半的金融扶贫政策，建档立卡低收入农户以家庭为单位，单户贷款额度不超过2万元，贷款期限最长1年。贷款利率执行同期同档次基准利率，不得上浮。鼓励贫困户办理扶贫小额贷款进行创业增收，主要用于发展种养和流通等生产性、服务性增收项目，不得用于建房、婚丧嫁娶等生活开支。2017年扶贫小额贷款发放共计4735.75万元，2018年起执行新的小额扶贫贷款政策。扶贫小额信贷单户贷款额度不超过5万元，贷款期限原则上最长不超过3年，贴息资金和对放款金融机构补助实行省与县财政共担，其中省负担80%、县负担20%。省级补助资金每年4月底前下达县，按因素分配法分配。按上一年度平均贷款余额的1/10建立小额信贷风险补偿金，省承担80%、县区承担20%，淮阴区的风险补偿金为990万元。

第三节　政策实施效果

以上各级政策体系以及具体政策的落实都建立在对贫

困户、贫困原因进行精准识别的基础上。毫无疑问，这些政策对改善低收入群体的生活和促进其成功脱贫起到了助推器的作用。从王码村的脱贫经验来看，这些政策的实施无论是对于促进王码村集体经济发展，甩掉经济薄弱村的帽子还是对于贫困户脱贫都起到了极大的作用。由于各个村贫困状况、致贫原因以及资源禀赋的差别，不同政策在不同的村实施效果是有所差别的。促使王码村脱贫的最直接的政策是产业扶贫政策和对于低保户、五保户的福利脱贫政策。

一 产业扶贫实施效果

得益于省、市及淮阴区对产业扶贫的支持，王码村村委在原西宋集镇范晓东书记的带领下做过多项发展集体产业的尝试，积极探索"项目＋支部＋农户"的脱贫模式，建立特色生态农业项目。通过全镇土地"一盘棋"规划，最早利用集体流转农户的土地开发雪菜项目，由跨洪村和蒋渡村党支部合作创建雪菜耕作服务社，建立雪菜种植、培育、收获、加工"一条龙"生产链，积极鼓励农户参与雪菜种植和后续加工，积极吸引当地农民在本地实现就业[①]。雪菜的种植与加工中的部分工作对体力的要求较少，适合年龄较大和轻度残疾的低收入者。事实上，该项目对于贫困户增加收入有一定的作用。

---

① 2017年该项目已终止，村集体集中力量发展瓜蒌项目。

图 4-1　雪菜种植

（徐海俊拍摄，2016 年 11 月）

　　同时，西宋集镇利用自身的资源优势，极力打造特色农业品牌。2015 年西宋集镇引入沪江牧业，发展养猪产业，壮大西宋集镇的产业规模。围绕沪江牧业，西宋集镇党委决定大力发展循环经济，全镇 14 个村总计流转土地 9000 余亩，打造优质有机稻米、绿色无公害蔬菜、石榴套种金银花、蒋渡雪菜、戴梨园鸡蛋、新园稻虾等特色农业项目，将西宋集镇由农业大镇打造为农业强镇。在这些项目中，土地就近流转，劳动力就近就业，为家中缺劳力或者家中有病人需要照顾的低收入家庭提供了就业机会，同时土地流转也带来持续的现金收入。

　　在王码村，2016 年镇党委与村两委经过多次市场考察与技术洽谈，结合本村的资源状况开始试点种植瓜蒌。瓜蒌是一种上好的中药材，根、果、果皮和种子均可供药用，有解热止渴、利尿、镇咳祛痰等功效，瓜蒌种子是近年来市场上较受欢迎的炒货食品。2016 年瓜蒌项目正式启动，在市委农工部的帮扶下实施第一期瓜蒌种植项目，流转村土地 140 亩。2017 年瓜蒌喜获丰收，当年带动村集体增收 15 万元，使得王码村成功摘掉经济薄弱村的帽子。2017 年在先期瓜蒌项目成功的经验上，组织申报 2017 年度农业产业富民项目，项目成功申报后，在淮阴区政府和镇政府的大力支持下开始发展瓜蒌第二期项目，进一步扩大规模优势。2017 年在镇政府协调下，在跨洪村六支渠南侧流转土地建设二期项目，该地位于沪江牧业附近，可以有效利用沪江牧业产生的沼液作为有机肥，实现产业互补，在降低成本的同时也有利于环保，提高项目的经济效益。二期项目财政投资达 120 万元，建设规模为 254 亩的瓜蒌基地。

瓜蒌项目由村集体负责日常经营管理，所有收益归村集体所有。项目的销售收入在扣除成本和管理费用后，结余部分由集体支配，其中 50% 作为集体发展资金进入集体经济账户，另外 50% 作为帮扶资金直接由王码村贫困户按贫困人口进行分配。

图 4-2 显示，2018 年度二期瓜蒌项目新增收益 11 万元，5.5 万元为集体账户资金，另外 5.5 万元则由当时 105 位贫困居民平均分配，人均 523.8 元以现金或转账方式发放。

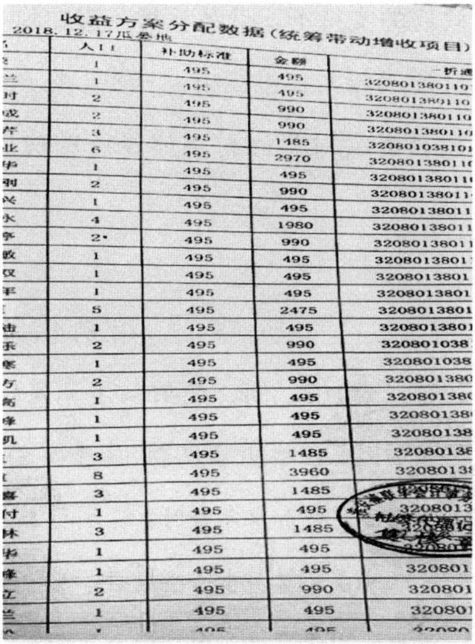

图 4-2　瓜蒌项目贫困户资金收益情况

说明：为真实反映瓜蒌收益的分配状况，这里采用了对原文件拍照方式呈现，未制作表格。

　　瓜蒌项目不仅直接增强了村集体带动贫困户脱贫的能力，还为贫困户提供了更多脱贫的机会。2018 年项目带动 9 户贫困户实现土地流转的租金收益 34239 元，通过提供就业机会为 17 户低收入家庭实现务工收入 10730 元。2019 年，瓜蒌项目对王码村的就业带动作用进一步增强，解决本村就业 60~70 人，其中贫困人口 14 人，按每天收入 50 元计，平均给参与的贫困户每人带来 7000~8000 元的年收入。

　　尽管瓜蒌项目起步较晚（至 2019 年仅三年时间），规模较小，市场前景不够明朗，品牌认知度处于起步阶段，市场风险仍然较大，但是对于一个 2500 余人的村集体，瓜蒌项目承载着很多贫困户和领导的梦想。在当地政府的支持下，瓜蒌项目一直在稳步发展中，至2019年已形成较大种植规模，只要市场风险可控，可以预见该项目将会对王码村集体经济和贫困户脱贫起到助推作用[①]。

案例 4-1

戴加永，男，现年64岁。戴加永和妻子育有一儿一女，现在都30多岁了，妻子因哮喘病在儿女小时候就去世了。戴加永年轻时在深圳打工，打工挣来的钱都给妻子看病用了，妻子去世后，两个孩子由老母亲在老家带大，由于家庭贫困，两个孩子都没有读初中。现在女儿已经出嫁，家中户口上有4口人：戴加永、他的儿子和两个孙女。儿子身体也不好，遗传了母亲的哮喘病，一到下雨天就呼吸困难。戴加永的儿媳是外地人，跟戴加永的儿子是在外地打工的时候认识的，儿媳在生下两个孩子后不久就回了娘家，离开了这个家庭。儿子常年在外面打零工，两个孙女平时由戴加永看顾，一个孙女现年9岁，上小学二年级，一个10岁，上小学四年级。两个孙女上学购买书本、学习材料花销不少，成为戴加永身上一项不小的经济负担。同时，由于要将较多的精力放到照顾孩子上——接送孩子上学、给孩子做饭，戴加永无法匀出太多时间来打工挣钱。由于家中缺乏劳动

---

① 实际上，在2018年乡镇合并中西宋集镇整体划归徐溜镇，原西宋集镇党委书记范晓东调任丁集镇党委书记，徐溜镇党委在综合考虑瓜蒌的市场风险后，并没有将瓜蒌项目扩大到预计的900亩，2020年实际规模为500多亩。

力照顾家庭和农业生产，只能选择就近务工。在享受扶贫政策之前，家里的主要经济来源就靠儿子在外打工和家里的三亩地庄稼。

王码村通过产业扶贫，大力发展瓜蒌产业，使得戴加永能够就近在家门口利用零散时间去瓜蒌生产基地打零工，给瓜蒌除草、打药，一天有50多块钱的收入，一年下来能有几千块钱的收入。戴加永的两个孙女还享受了教育扶贫政策，两个孙女每人每季度有500块钱的教育补助，这项扶贫措施给戴加永帮助最大。此外，淮阴区的"城市名人"酒店每年给他500块钱的分红。脱贫"摘帽"后，由于对脱贫后所享受的政策和具体的扶贫做法"搞不清楚"，戴加永说"脱贫就脱贫吧"。戴加永担心脱贫后会无法再享受这些扶贫政策，但同时他也表示已经很知足了，说"我们感谢共产党，党能照顾我们的就尽量照顾我们，能照顾一点就照顾一点，这已经是对我们最大的帮助了，我们也不能总是依赖救济"。戴加永发家致富的愿望并不强烈，他说自身的条件摆在这里，能把两个小孙女养大成人就不错了，"等两个孩子长大了，我都70岁了，自顾都不暇了，还发什么财啊"。

戴加永因为妻子的疾病而致贫，他留守在家的两个孩子因为家庭贫困没有完成义务教育，到了自己的孙女辈又重复着他们父辈的命运，但教育扶贫减轻了戴加永的家庭负担，使他有意愿让自己的两个孙女接受完整的教育。戴加永的孙女们显然能够通过教育来改变命运，打破这种循环，教育扶贫政策对戴加永一家的扶贫效果显著。由于已年过60，儿子身体又不好，家中缺乏劳动力，戴加永脱贫致富的动力和"志气"并不强，"扶贫先扶志"在戴加永身上体现得并不显著。正是由于自身脱贫的内生动力不足，加之宣传层面对"脱贫不脱政策"的宣传讲解不到位，戴加永对于脱贫后的生活有担心的地方，担心目前享受的政策不能持续下去。

二　其他扶贫政策以及实施效果

社会力量帮扶上，江苏省水利厅以及河海大学分别派驻2位和1位驻村扶贫干部进行对接。江苏省水利厅是王码村的对接扶贫单位，在对接扶贫期间为王码村提供大量的帮扶资金，为王码村生产生活设施的改善提供了极大的支持。2016年，江苏省水利厅共计投入资金102万元用于改善王码村的灌溉、道路系统；2017~2018年总计投入资金110余万元用于为村内修建路灯，改造延长沟渠1.5公里，增加灌溉面积800余亩，新建村内道路3.5公里，拓宽通村主干道路1公里。水利厅还通过结对子扶贫方式为贫困户提供支持，户均年支持力度达800元。

除江苏省水利厅之外，淮安市"阳光扶贫"工程的重要举措之一是财政人员的结对子帮扶政策。作为结对子单位，淮阴区交易中心与本村12户贫困户结对子，在提供脱贫点子的同时以个人名义进行帮扶，户均每年获得帮扶资金 800 元，改善了贫困户的生活条件。

健康扶贫上，得益于医疗保险和向贫困户倾斜的报销政策，贫困户的医疗支出部分减少，相当于增加了实际收入。因病致贫是受访贫困户陷入贫困的最主要原因，有 9 户认为是生病导致了贫困，涉及 93 个家庭成员中的 40 人，人均自费医疗费用高达 2401.6 元。2017 年开始，淮阴区对全区建档立卡低收入人口落实"先诊疗后付费"政策，同时将住院补偿起付线调整为乡镇卫生院 200 元、二级医院 400 元、三级医院 600 元；大病医疗起付线调整为 6000元，相应医疗费用段的补偿比例调整为 60%、70%；二、三级医疗机构产生的合规医疗费用在原有补偿的基础上上调 5%。2018 年开始，贫困户人口参加新型农村合作医疗的个人缴费部分由淮阴区政府统一用财政支出代缴。新农合财政代缴使得贫困户人均减少支出 250 元 / 年，实际增加贫困户可支配收入 250 元 / 年。调整后的住院报销起付线、大病保险起付线以及补偿比例的上调进一步提高了报销的额度，使个人负担比例进一步下降。2019 年实际享受大病医疗补贴的贫困户有 2 户，相比之前，平均报销、补偿额度提高了 2000 元左右，进一步减少了因病致贫和返贫的情况。

案例 4-2

史从和，男，61 岁。史从和自己有身体残疾，不能进行重体力劳动，史从和的老婆有精神残疾。家里有两个女儿，一个 15 岁，现在读初一；一个 13 岁，读六年级。由于妻子经常发病，史从和要守在妻子身边，无法外出务工，只能打一点零工。在没有享受扶贫政策之前，史从和感到压力很大，孩子们的日常花销太多，一个学期要交1600多元的伙食费，还有校车的接送费和每周给孩子们的零花钱。妻子的精神病每次发作，都要花掉1万多元钱看病。这些支出平时都要靠亲戚接济。成为建档立卡贫困户后，家里四口人都享受低保兜底扶贫政策，一家四口人一个月共有1200多块钱的低保收入，低保成为史从和一家收入的主要依靠。两个孩子在学校每人每个季度享受500块钱的教育扶贫补助。此外，史从和一家每年年底能从瓜蒌产业获得1200块钱的分红。逢年过节，史从和的扶贫帮扶责任人还会给史从和一家带一些礼品。史从和对这一系列的扶贫政策都感到很满意，认为极大地减轻了自己的经济负担，两个孩子的上学也得到了保障，而史从和最大的愿望就是能把两个小孩培养成人。对于孩子的教育，他表示要尽力而为，女儿们能念到高中他就支持念高中，能念大学就支持念大学。

2018年王码村对脱贫后剩下的贫困户进行重新识别，共识别出54户贫困户总计105人，涉及学前教育阶段6人，小学阶段4人，中学阶段8人，无大学阶段就读人员。根据淮阴区教育扶贫政策，王码村贫困户总计获得政府教育补助11125元，户均获得教育补助206元，有效缓解了贫困户教育支出压力，使贫困户子女能够获得正常的教育资源，不至于过早离开学校，提高了未来自身发展的内生能力。

案例 4-3

陈爱菊，女，今年 47 岁，家里 4 口人，有两个小孩：大女儿 20 岁，读大专；小儿子 12 岁，读五年级。陈爱菊的丈夫虽然腿有残疾，但仍常年在外地的服装厂做裁剪工，每个月能挣 2000 多块钱，陈爱菊留守在家照顾孩子，两个小孩上学的花销成为家里最大的支出，陈爱菊每个月要给读大专的女儿 1000 块钱的生活费。成为建档立卡贫困户后，陈爱菊一家享受了低保兜底的扶贫政策：她的丈夫、女儿和儿子每个月享受 400 多块钱的补助。两个孩子在学校享受教育扶贫政策：女儿一个季度有 1000 多块钱的教育扶贫补助，儿子一个季度有 500 块钱的教育扶贫补助。陈爱菊自己享受到了公益岗位扶贫政策，负责打扫村庄街道卫生，一个月有 400 多块钱的收入。每年年底陈爱菊一家还能得到瓜蒌产业扶贫的分红，每人每年有 400 多块钱的分红。对陈爱菊一家来说，由于缺少劳动力，孩子上学的支出成为家庭经济最大的负担，通过低保兜底、教育扶贫、公益岗位、产业分红这些组合措施，解决了子女上学的问题，减轻了家里的经济负担，保障了子女接受教育的权利，扶贫脱贫成效显著，一家人的生活条件得到了较大的改善。值得注意的是，由于不识字，加之是外地人，陈爱菊对扶贫政策了解不清，对自己享受的很多扶贫措施都回答"不知道""我也不懂"，因此需要在扶贫政策的宣传讲解方面多做一些工作。

金融扶贫政策上，淮阴区持有《低收入农户证》的贫困户均可到所在地的农商行申请小额扶贫贷款，单户申请额度不超过 5 万元，贷款期限最长不超过三年，在规定三年期限内还贷的将享受 50% 贴息，区政府给予另外 50% 贴息，农户在三年内实际上不需要支付任何利息。金融扶贫政策的目标是鼓励有一定劳动能力的贫困户利用现有资源进行自主创业，发展小规模生产实现增收脱贫。

2018 年王码村总计 11 户贫困户申请小额扶贫贷款，总计申贷资金 55 万元，获批 55 万元。在申请获批的农户中，绝大部分利用所贷资金发展家庭养殖业，主要为鸡鸭等家禽类养殖，也有少数用来发展种植业，有极少数由于家庭缺乏劳动力无法发展生产，将所贷资金进行转存以获取利息收入。目前，金融扶贫政策在王码村实施时间较短，且所从事的养殖业与种植业目前还在投入期，相关产品受市场波动风险影响较大，政策效果暂时还无法有效评估。

最低生活保障、财政兜底扶贫政策上，目前王码村无集中供养的养老院，相关人员均为散居供养。按照供养标准 7320 元/人·年，凡被纳入集中供养名单中的贫困户均实现脱贫。

低保政策上，将人均家庭收入低于户籍所在地最低生活保障标准的居民均纳入低保户范围，具体补贴标准为农村居民按照实际人均收入与每月人均 520 元的差额进行补齐发放。2018 年全村贫困户中属于低保户的人口有 43 人，按照目前的低保补贴标准可达 6240 元 / 人·年，超过人均收入 6000 元的低收入贫困线，2019 年这部分低收入群体在这一保障政策下实现脱贫。

三 村庄脱贫与脱贫程序

1. 村庄脱贫

淮阴区对于村庄脱贫的条件是是否符合"新八有"，即有群众拥护的"双强"班子，有科学合理的发展规划，有高效的农业设施，有特色鲜明的主导产业，有持续稳定的集体收入，有先进适用的信息网络，有健康向上的文明新风以及有村容整洁的居住环境。以上"新八有"条件是评判一个村集体是否达到脱贫的先决条件。

王码村两委以倪前奋为书记、以吴同虎为村主任。倪前奋书记年富力强，深受群众爱戴，多次以高票当选村书记一职；吴同虎主任行事稳重，多年来一直担任村主任，对村情十分了解。多年来，倪前奋书记与吴同虎主任一直在寻求王码村发展脱贫的方法，比如成立合作社、建厂房出租等，由于缺乏外部力量帮扶，加上村中年轻人逐渐外出，王码村的空心化十分严重，尽管也努力想要去改变现状，但总是事倍功半，难以达到预期效果。

随着扶贫事业的发展，王码村在村两委班子的领导下，抓住外部帮扶力量注入的机会，结合自身的优势资源，发展符合自身条件的特色产业，迅速使本村摆脱经济发展停滞不前的状况，成功摘掉经济薄弱村的帽子。在镇政府的关心与指导下，王码村制定适合本村发展的规划，走特色农业的道路，通过发展集体产业带动村集体发展。集体经济的发展可为本村有一定劳动能力的贫困户提供就业机会，带来收入，同时也可增强村集体收入转移支付的能力，通过直接对无劳动能力的贫困户进行转移支付，改善他们的生存状况，从而实现福利性脱贫。

王码村的基础农业设施在外部力量的帮助下有较大的改善。在江苏省水利厅对接帮扶下，对村灌溉沟渠、排灌站、通村道路等农业基础设施进行大力整修。总体上，王码村的农业生产基础设施于2016~2018年在江苏省水利厅的帮扶下有了较大的发展，基本满足了王码村农业生产发展的需要，同时也为特色农业产业发展和瓜蒌项目提供足够的支撑[1]。

王码村地处发达省份，雄厚财力的转移支付能力保障了苏北相对落后地区的基础设施，所以王码村拥有较为完善的通信和网络设施。即使是贫困户，户均拥有智能手机0.74部，非贫困户则达到1.29部。王码村村容整

---

[1] 在王码村脱贫后，江苏省水利厅仍然继续给予王码村在村内设施上的帮助。

洁，在江苏省水利厅的支持下，村庄内部入户道路实现硬化，安装了路灯，厕所改造也让整个村庄的卫生状况大为改观。

根据村庄脱贫的"新八有"要求，2017年，村集体收入达到18万元以上，实现村庄的整体脱贫。

2. 贫困户脱贫

江苏省的脱贫线是家庭人均年收入6000元，远高于全国拟定的4000元。即使按照这一标准，2019年江苏省已实现脱贫254万人。王码村2017年实现村庄脱贫，摘掉经济薄弱村的帽子，2019年所有贫困户实现脱贫。

贫困户脱贫审核以村两委为主。村委根据上级提供的贫困户脱贫情况表进行逐一审核，审核结果由验收人与农户共同签字确认。

表4-1即为贫困户脱贫认定的审核表。根据以上各项分收入逐一核对贫困户的总收入，参与人由脱贫对象、识别人和帮扶人构成，三方签字确认后报村委会同意核实，然后上报镇核实。根据此表，以家庭人均纯收入6000元为线，截至2019年，所有建档立卡贫困户实现脱贫。从脱贫的状况来看，村集体产业提供的就业是有劳动力贫困户脱贫的主要途径，无劳动能力的低保户和五保户，则主要通过村集体收益分成和上级政府给予的转移性支付实现脱贫。

表4-1 20**年度贫困户脱贫情况审核表

户主姓名：＿＿＿＿＿ 耕地面积：＿＿＿＿＿ 家庭人口：＿＿＿

家庭住址：＿＿＿＿省＿＿＿市＿＿＿区＿＿＿村＿＿＿组

种植业	面积	总产量（亩）	总收入（元）	生产费用（元）	纯收入（元）
小麦					
水稻					
玉米					
薯类					
豆类					
油菜籽					
蔬菜					
花生					
其他农作物					
养殖业	出栏（元）	存栏（元）	总收入（元）	生产费（元）	纯收入（元）
生猪					
家禽					
羊					
牛					
其他					
转移性收入					
计划生育金：		低（五）保金：		养老金	
生态金：			其他：		
财产性收入					
存款利息：					
土地租金：			房屋租金：		
工资性收入					
外出务工劳务收入					

案例4-4

毕卫萍，女，60岁，丈夫早年因病去世，毕卫萍独自一人将儿子抚养成人，儿子结婚后育有一女。2015年儿子因车祸去世，媳妇觉得生活没有未来便离家出走，留下孙女在家。从此，毕卫萍老人失去生活来源，还要照顾年幼上学的孙女，也无法外出打工，生活陷入困境。2016 年，经村委核实情况，按照贫困户认定程序，毕卫萍被认定为贫困户，并被纳入低保保障范围。2016 年开始，毕卫萍每月可领取 500 元左右的生活保障资金，缓解了生活压力。同时，得益于教育扶贫措施的实施，毕卫萍每年还可领取 625 元的教育扶贫补助金。另外，还能收到社会帮扶资金每年 500 元。但这样，毕卫萍一家两口的人均收入也仅有 3550 元左右，与当地的贫困线标准人均纯收入 6000 元/年相差较远，生活依然很艰难。

2017 年瓜蒌项目正式启动并带来效益后，经村两委讨论决定雇佣毕卫萍去瓜蒌地做工。瓜蒌地工作多为手头工作，劳动强度不高，白天孩子上学期间出工，时间上不影响照顾孩子。瓜蒌地每年工作 10 个月左右的时间，每天劳动报酬为 60 元，折算下来每年可获得 1.8 万元的劳务收入。除此之外，瓜蒌项目的集体收入对贫困户进行的转移支出为每年人均 495 元，毕卫萍家两口人共获得 990 元的收入。在瓜蒌地务工期间，毕卫萍将自己的 2.8 亩耕地流转给村集体，每年获得近 2000 元的土地流转收入。2018 年毕卫萍一家的收入为瓜蒌地劳务收入 18000 元、瓜蒌项目获得村集体转移支付 990 元、教育扶贫补助资金 625 元、社会帮扶资金 500 元、低保收入 6000 元左右、耕地流转收入 2000 元，全年收入高达 28115 元左右，家庭人均收入为 14057.5 元，成功实现脱贫。按照脱贫不脱政策的要求，三年内毕卫萍家将继续保持这一收入水平，在改善生活的同时，还可实现储蓄，为未来生活提供保障。三年后，即使贫困户的相关福利性转移支付退出，以目前毕卫萍的年龄和身体状况，5年内可继续在瓜蒌地或其他村集体产业中进行劳动以保持这一收入水平，5年后其孙女将长大成人，家庭将进入良性循环，实现长效脱贫。在接受访谈时，毕卫萍老人满眼泪花，激动地对我们说："感谢共产党，感谢总书记，从来没想到能有今天这样的好日子"。其实，通过类似方式脱贫的案例在王码村有很多。

在王码村，贫困户主要集中于失去劳动能力的独居老年人和因病因残致贫的家庭，通过现有福利性转移支出很难实现持久性脱贫，从长远来看产业发展带来内生增长机制才是扶贫的长效机制。产业发展带来就业机会，增强村内集体经济对贫困户的转移支付能力，同时贫困户可以盘活其土地资产，获得持久的收入。随着有劳动能力的贫困户逐步退出，村集体需要供养的贫困户会逐步减少，贫困户人均获得的村集体转移支付就会增加，他们的生活状况会进一步改善，真正实现先富带动后富，共享村集体经济发展的成果。

第五章

与永顺村的脱贫比较

王码村作为东部发达地区的经济薄弱村，其贫困的状况与中西部地区存在一定的差别。笔者作为参与人参加了中国社会科学院农村发展研究所檀学文研究员主持的安徽省阜阳市利辛县永顺村的调研活动，中部地区的贫困现象以及贫困治理与东部地区还是有较大差别的，因此本文将永顺村的贫困特征与治贫措施进行总结并与王码村进行比较。

第一节　王码村贫困特征与脱贫路径

一　王码村的贫困特征

（一）绝对贫困少，相对贫困多

以人均纯收入水平衡量，全国的贫困户标准为人均年收入 4000 元，而江苏的省定贫困户的标准是家庭人均纯收入 6000 元。在调研过程中未发现基本生活无保障的贫困户。从收入上看，2016 年贫困户的平均收入为 13982 元，其中工资收入为 9769 元，贫困户人均收入为 6628 元，超出江苏省省定贫困户标准。从收入来源与结构上看，贫困户的收入主要来源为工资收入和部分少量的转移支付收入，支出中主要部分为医保报销后的医疗支出，达到 14219 元，食物支出仅为 4330 元。而非贫困户食物支出为 8340 元、医疗支出为 6705 元。由此可见王码村的贫困户绝对收入并不低，基本生活能够得到保障，但生活水平因为医疗、教育等刚性支出而下降。

这一点与笔者参加的中部地区安徽省阜阳市利辛县永兴镇永顺村的调研存在较大的差别。永顺村的贫困户人均收入为 11197.57 元，但这其中转移支付收入高达 8100 元。支出结构上，永顺村的样本户年均食品支出仅为 2785.76 元，月均食品支出仅为 232.15 元，部分贫困户存在生活困难。

（二）社会保障水平较高，保险意识在逐渐增强

医疗保障上，目前王码村所有 60 岁及以上老年人均享有国家给予的基本养老保险，按月领取，这笔保障性养老收入对于缺少家庭赡养的老人来说非常重要。贫困户中总计有 91 人参与新农合医疗保险，新农合医保参与率为 97.85%。新农合的贫困户参保率比非贫困户高，非贫困户新农合医疗保险参与率为 85.83%。随着参与者大病报销的示范作用的发挥，参保率逐渐上升。未参保的主要是年龄较高且身体较为健康的老年人，但无论是贫困户还是非贫困户未参加任何医疗保险的均只有 1 人，表明居民的保险意识在增强。

养老保障上，31 户贫困户参保率为 95.45%，非贫困户新农保覆盖率高达 95.83%，高于贫困户。导致这一结果的主要原因是新农保需要 16 岁以上村民自行缴纳养老费用，这部分费用在 2016 年之前未纳入政府补贴范围。2016 年所有贫困户自行缴纳部分由政府全额补贴导致贫困户参保比率大幅度上升。

（三）致贫原因主要是缺少劳动力，其次是因病因学

在调查样本中，31 户受访贫困户中有 10 户直接认为贫困原因是缺少劳动力，9 户认为是因病，2 户认为是因残。实际上生病、残疾导致的结果还是缺少劳动力。贫困户的年龄分布也支持这一判断。年龄分布上 18~60 岁人口为 41 人，占比为 44.09%。

从受访非贫困户的人口结构来看，18~60岁人口为67人，占比为55.83%，劳动力占比更高。

很显然，非贫困户的抚养和赡养负担低于贫困户组，而劳动力所占比例明显高于贫困户。贫困户和非贫困户之间的年龄结构差异一方面反映贫困户中劳动力人口数量较少、比例较低，另一方面反映需要赡养和抚养的人口数量较多、比例较大。同时在贫困户组的劳动力中还存在较大比例的因病、因残失去劳动能力的人口，这进一步恶化了贫困户的劳动力状况。

（四）贫困人口教育水平较低，但受教育年龄段未出现辍学

教育是人力资本积累的主要途径，学历水平是反映一个人受教育水平的重要依据。35岁以上受访贫困户总体受教育水平较低，这是导致贫困的最根本性原因。贫困导致过早辍学，从事维持生计的低效率劳动，反过来导致收入水平低下，较低的收入水平使得子女受教育水平低下，从而陷入代际传递贫困的恶性循环。幸运的是，在6~18岁的年龄组中没有出现过早辍学就业的现象，这表明即使是在贫困家庭，人们对下一代的教育都足够重视，这是我们在未来阻断贫困代际传递最有力的武器。

（五）外出务工是获得收入的主要途径，但贫困户普遍缺少劳动力，外出务工的比例不大

贫困户由于家庭劳动力缺乏，外出务工机会较少，所

获收入也少，这也是农村贫困形成的最主要原因。在受访贫困户中，乡镇内务工2人，本县内本镇外务工人员1人，省内本县外务工人员1人，省外务工2人，其余25户中没有人外出务工。外出务工时间在3个月以下的2人，在6~12个月的4人，这说明贫困户由于家中缺乏劳动力照顾家庭和农业生产只能选择就近务工。

非贫困户的外出务工状况与贫困户的差别较大。非贫困户外出务工的比例高达60%，且外出务工以县外长期务工为主。

综上，王码村作为东部地区省定经济薄弱村的贫困特征与中西部地区的贫困表现在存在一定的差别。王码村的贫困更多体现为相对贫困，绝对贫困相对比例较低。贫困主要是因为年龄结构偏大、因病、因残、因学等导致缺少劳动力，无法外出务工获取收入。

二 王码村脱贫路径

王码村脱贫思路是充分利用外部帮扶力量，通过各种福利扶贫政策直接提高贫困户收入实现脱贫，同时将部分外部帮扶资源运用于村内基础设施的改善，优化村内资源配置，发展集体经济，实现产业发展，创造更多就业机会，壮大集体经济实力，带动村内就业，对缺乏劳动力的贫困户进行村内集体经济的转移支付，实现长效扶贫机制带来的持久性脱贫。这种脱贫模式我们可以视作"产业＋福利＋集体转移支付"，即通过发展乡村产业带动有就业能力的贫困户就业，发展集体经济带来集体收入增长对无劳动能力的贫困户进行村内集体收入的转移支付和上级政府的福利支付实现脱贫，三管齐下的脱贫模式带来长效脱贫。王码村在社会各方帮扶力量和上级政府的支持下，在镇党委书记范晓东的带领下，积极发展产业，成功将村内外资源整合，形成内生发展能力，壮大了集体经济，2017年正式脱贫。

第二节　永顺村的贫困特征与治贫政策

永顺村位于淮北平原（华北平原的一部分）中部，在地理条件上看王码村与永顺村几乎相同。永顺村是安徽省亳州市利辛县永兴镇下辖的一个行政村，1992年，利辛县成为省定点贫困县，此后一直戴着贫困县"帽子"。永顺村位于永兴镇西南部，下辖16个自然庄，21个村民组，土地面积约6.5平方公里，耕地总面积约为7183.24亩。永顺村2014年属于利辛县90个建档立卡贫困村之一，有建档立卡人员348户784人，贫困发生率为15.31%；2017年贫困人员为29户60人，贫困发生率为1.12%。

一　永顺村贫困特征

同为贫困村，王码村与永顺村的贫困有很多共性，但地处中部地区的永顺村其贫困还是有区别于王码村的特征。

1. 因病致贫比例较大

2014 到 2016 年，从家庭主要致贫原因看，永顺村建档立卡户因病致贫比例最高，正好占所有户的 50%；另外 50% 的贫困户中，受灾、发展动力不足以及缺劳动力各占一部分，其他原因占比较少。

建档立卡贫困人口主要有三个特征：平均年龄为 54.2 岁，其中 60 岁及以上人口居多；文化程度普遍偏低，小学以下（含文盲或半文盲）占 63.67%；健康状况更差，属于"健康"的只有 32.81%。且经过交叉分析得到，建档立卡人口中的老年因素、不健康状况以及低文化程度三者之间是高度相关的，老年贫困人口中，小学及以下文化程度的占 96.19%，身体不健康的占 96.98%。贫困户的支出结构也反映了这一状况，贫困户大量支出用于医疗费，而实际生活消费支出明显低于非贫困户，贫困户和非贫困户的人均医疗支出分别为 5624.13 元和 611.41 元，前者比后者高出 5012.72 元，而贫困户的总消费支出比非贫困户高 3000 元左右。

2. 村集体经济极度薄弱

2015 年前，永顺村村集体几乎没有经济收入，也没有集体经济或集体经营。实施精准扶贫以来，村集体以村支书个人名义注册了一个村集体企业——月新农业发展有限公司，以公司名义流转了一部分村内耕地，并承接归村集体所有的光伏资产。2016 年村集体经济收入达 6 万多元，主要为光伏发电收入，无其他收入来源。2017 年村集体经济收入增加到 9 万元，除了光伏发电收入外，还有一笔蔬菜大棚租金收入 2 万多元。村集体转入的土地，主要来自为协助其他经营主体流转土地时产生的零星土地。相对于一个拥有 5000 多人的大村来说，不到 10 万元的集体收入使得村级层面无法通过内生的发展来解决贫困问题。

3. 贫困户的收入来自转移支付比例较大

根据永顺村抽样调查样本数据，全部样本家庭人均纯收入为 11197.57 元，建档立卡户人均纯收入还略高于非建档立卡户，自然明显高于脱贫收入标准。建档立卡贫困户收入中转移性收入占纯收入比重高达 72%，而非建档立卡户仅为 8.43%。非建档立卡户收入主要来源为工资收入，占 75.64%，而建档立卡贫困户工资收入占比仅为 16.97%

二　永顺村脱贫政策

为实现精准脱贫，永顺村实施了一系列精准扶贫措施。大体上按照"五个一批"脱贫路径，将可以明确到村到户的精准帮扶措施分为六大类，分别是产业扶贫、就业扶贫、健康扶贫、教育扶贫、住房安全、兜底保障。永顺村各类精准扶贫项目的具体实施情况如下。

1. 产业扶贫

产业扶贫是永顺村脱贫攻坚的重头戏。自从开展精准扶贫、驻村帮扶以来，在永顺村实施的产业扶贫措施大体上有光伏扶贫、特色种养业扶贫、建设扶贫产业园区、林业扶贫 [①]、金融扶贫。

光伏扶贫的机制是利用建成的光伏电站的发电收入为贫困户和村集体增加收入。永顺村属于利辛县的首批光伏扶贫建设村，共分为三期建设，建成 5 座"小集中"式光伏电站。电站总投资由县级扶贫资金、市财政补贴、选派干部专项资金和贷款构成。起初，电站收益均归村集体所有和支配，2018 年起将部分收益分配给贫困户。第二期光伏项目投资来源包括扶贫专项资金补助、市财政补助、县财政补助、农户出资、贷款，但是产权属于各户，各个小型电站收益独立核算，直接到户。后来由于各户收益不同，存在部分户发电量偏低和收入偏少问题。2018 年，利辛县计划将贫困户出资的 15 万元退还，从而将其变更为集体所有性质。第三期光伏电站由县里统一投资建设，村集体不用出资，但是需要支付土地租金。光伏电站收入需要全部发放给贫困户，优先选择发给那些享受其他政策较少、收入偏低的贫困户。发放名单由村里研究确定，提交给电力公司，转账发放。

培育新型经营主体有利于促进村内农业经营方式转型，推动农业现代化和农业经济发展。新型经营主体如果与贫困户建立联系，便具有减贫作用。在村级层面上，永顺村先是直接为已有的或潜在的新型主体提供生产性

---

① 包括针对家庭经营主体的产业发展奖补政策。

基础设施，然后是规划和建设扶贫产业基地，以此作为主要抓手来推动扶贫产业的发展，进而发挥对贫困户带动作用。对于扶贫产业基地建设，永顺村曾归纳为通过"党总支部＋合作社＋基地＋农户"的模式，以强英鸭业为平台，规划建设千亩扶贫产业基地，建设50亩扶贫果蔬大棚，建成"肉鸭＋有机果蔬"综合循环示范小区。逐步形成村党组织牵头、龙头企业带动、扶贫资金参股、金融资金扶持、贫困劳动力分红的产业扶贫模式。根据不完全统计，2018年永顺村注册有3家农业企业、5个专业合作社和8个家庭农场，还有1家名为"天外天种植养殖基地"的个人独资企业。这些新型农业经营主体通过流转土地、托管土地、吸收入股等方式与贫困户建立利益联结机制。此外，一些贫困户通过在这些企业和农场务工获取工资收入、接受技能培训，以及扶贫小额贴息贷款等间接方式实现脱贫致富。

安徽强英鸭业集团在利辛县建立利辛强英食品有限公司，与利辛县政府签订合作协议，在全县90个贫困村各建1个肉鸭养殖小区，包括2座标准化立体智能笼养大棚，为当地提供投资收益和就业创业机会。每个立体鸭棚养殖小区需要投资约86万元，其中县财政整合扶贫资金入股20万元，养殖户自筹20万元，剩下46万元由企业以设备贷款方式提供。县财政的20万元投资需要还本付息，本金由强英公司在收购肉鸭时从货款中代扣，利息由经营者支付给村集体，每个小区年分红收益为3万元，相当于投资分红率达到15%。2017年以来，永顺村共建立两个强英肉鸭大棚项目，都在扶贫产业园内。一个项目是扶贫性的，即按照上述方式运营。另一个项目是投资性的，一位山东老板投资注册了信达家庭农场，建立7个标准化大棚。该农场实际上采取公司经营方式，投资者是与强英公司有合作的设施制造商，投资目的既是发展生产，也是试验改进设备设施和饲养方法。其配置了干湿分离鸭粪发酵处理场地和设施，发酵后的鸭粪可以作为生物肥料供应周边农户。信达农场自身也在鸭棚周边租下20亩耕地试验鸭粪使用技术。信达农场项目对永顺村的扶贫贡献主要在于租地和用工，也没有刻意区分贫困户和非贫困户。

根据2017年8月印发的《利辛县林业产业扶贫工程实施方案》，利辛县将培植以苗木花卉为主的特色林业产业，总计划规模达16.7万亩，通过种植、就业、分红和直接帮扶等方式，实现贫困人口年均最低增收500元、多年收益的目标。市、县财政补贴贫困户用于发展林业产业的承包地租金为每年每亩1000元，连补10年；加强信贷支持，贫困户发展林业产业的小额贷款，财政给予3年贴息。政府投入实施的造林绿化项目，优先采购贫困户培育的苗木。企业投入实施的绿化项目，采购贫困户培育苗木的，金融机构给予信贷支持。对于林业扶贫的经营模式，利辛县原计划主要采取自主经营、合作经营、规模经营方式。为了进行规模化经营，就需要采取土地流转方式，但该思路被市里否决，要求尽可能地将苗木种在贫困户自己的土地上。相比流转土地集中种植，虽然贫困户的苗木权益更有保障，但是会给周围农地带来遮阴、吸取地力等不良影响。根据要求，永顺村林业扶贫项目计划实施555亩，覆盖所有贫困户。项目补助资金77.15万元，其中市级财政资金27.75万元，县级财政资金44.40万元。贫困户每发展一亩苗木，补助1300元。苗木种植后的第一年由苗木公司代为管理。一年以后，由农户自行管理，政府给予每亩每年200元的管理费补助。根据"一村一品"要求，永顺村种植的品种是女贞。据调研，2017年上半年，永顺村实际完成110户、216.9亩苗木种植任务，其中约90户、136亩为实际到户种植，40亩左右为在村集体流转的机动地上种植，40亩左右利用了扶贫产业基地内王伟等人退出的黄桃园的土地。

安徽省政府推出"特色种养业扶贫工程"，提出"四带一自"模式，"一自"即为贫困户自种自养。安徽省农委和省林业厅制定了《特色种养业扶贫对象产业发展标准》，县政府出台了《利辛县特色种养业扶贫工程实施方案》（利政办秘〔2017〕24号），对建档立卡贫困户从事特色种养业生产且达到相应规模的，给予相应的财政补助。户层面的产业规模要求是比较低的，例如蔬菜大棚和露地蔬菜分别为每户1亩和2亩，养殖肉羊为每户4只以上等。2018年，县政府出台了《利辛县特色种养业扶贫工程实施方案》（利政办〔2018〕14号），将上述补助条件进一步调低，蔬菜大棚和露地蔬菜均为0.5亩，养羊为3只，生猪养殖也纳入了补贴。

2. 就业扶贫

除了产业发展带动贫困户就业外，就业扶贫措施还包括职业技能培训、职业介绍和就业服务、公益岗位开发等，在永顺村以公益岗位开发为特色。

2016年2月，永顺村开始贫困户公益岗位开发。最初只有3个护林员，后来增设了保洁员、村道护路员和监护员（监护分散供养的五保老人和留守儿童）、光伏看护员和水域看护员，变为"六员"。2017年3月，全村公益岗位数量增加到56个；2018年由于名额限制，岗位逐渐减到30人。"六员"人员的选择主要根据贫困户自身特征及家庭环境，形成拟参加岗位人员名单，提请村民代表会议通过。一般情况下，优先选择有一定劳动能力、家庭条件困难且没有享受光伏扶贫等其他政策的贫困户。更加困难的贫困户，可以在享受光伏扶贫等政策基础上，再享受"六员"就业政策。

贫困户技能培训政策要让有培训意愿的贫困劳动者至少掌握1项就业技能，实现贫困劳动者"培训一人、就业一人、脱贫一户"。2017年，永顺村参加农机技术培训、新型职业农民培训、种养业技术培训共20人左右。2017年12月举办的农村贫困劳动力扶贫政策和实用技术培训，共2人参加。村干部表示，就目前而言，技能培训对就业基本上没有促进作用。

2017年7月以来，安徽省在全省范围内推进就业扶贫驿站建设，助力产业脱贫。就业扶贫驿站是扶贫车间的扩展版，是在贫困人口集中且有一定产业基础的农村社区建设的就业服务设施，包括就业扶贫车间、电商服务中心、公共就业服务中心三大板块，同时促进就业和产品销售。

永顺村在 2018 年利用 40 万元财政补助资金，在新村部附近建设一座占地约 1000 平方米的就业扶贫驿站。

3. 健康扶贫

利辛县的健康扶贫政策在安徽省一直走在前列。2016 年，利辛县率先探索实施了"三免、两付、一提高、一兜底"贫困人口医疗救助政策，即免除贫困户住院补偿起付线、免除大病保险起付线、免除参加新农合费用 120 元。贫困人口县内住院医院全额垫付医药费，申请转出县外住院新农合预付医药费，将普通慢性病补偿标准由 60% 提高到 80%，开展贫困人口医疗兜底报销。2017 年以来，利辛县在省级健康扶贫政策框架下，实施完善了"三保障、一兜底、一补充"健康扶贫政策，即贫困人口因病住院同时享受新农合、大病保险、民政医疗救助三重保障；"一兜底"指住院报销"351"封顶政策；"一补充"指普通慢性病门诊医疗费用在按慢性病门诊（比例是 75%）正常报销后，对剩余的合规费用再按 80% 的比例进行补充报销，即"180"政策。政策适用对象为 2016 年及以后脱贫的建档立卡贫困人口。

4. 教育扶贫

永顺村的教育问题，主要在于村内教育条件差、外出上学以及教育流动比例高、留守儿童较多等方面。村内只有一个教学点——吕集教学点，该校为不完全小学，仅招收一年级至四年级学生以及学前班，老师学历较高但教学水平有待提高，尤其是缺乏音体美专职教师，学生中留守儿童比例高，学校设立"留守儿童之家"并建立相关制度结对帮扶留守儿童。"留守儿童之家"内还设置"心灵小屋"，为学生提供心理咨询和亲情电话。脱贫攻坚以来，通过驻村帮扶以及中心村建设项目，永顺村的教育条件自2016年以来发生了较大的改观，村内小学教学点焕然一新，筹备将五、六年级学生搬回来，变成一所完全小学。2016年起，利辛县开始实施"寒门圆梦"精准扶贫助学计划。贫困家庭学生在享受国家助学金和省级资助政策的同时，还享受从学前到大学全覆盖的"资补兜贴贷"教育助学计划。此外，职业教育"雨露计划"还可以为在校贫困职业院校学生发放教育补助。2018年，利辛县按照阜阳市扶贫开发领导小组统一部署，统一标准实施了"寒门圆梦"行动计划项目，建立了从学前到高等教育各学段资助体系，含保底、扩面、叠加三个方面。比较而言，新的贫困生资助计划降低了高中和中职阶段的资助标准，略微提高了学前教育资助标准并扩大了学前教育资助范围，不再限定于普惠性幼儿园。同时，将城市和农村低保家庭子女都纳入资助范围。

5. 住房安全保障

永顺村主要通过危房改造和易地扶贫搬迁两种方式解决贫困户住房安全问题。利辛县的危房改造力度非常大。2016年和2017年，全县危房改造数量相当于建档立卡贫困户数量的8.9%。永顺村危房改造规模似乎更是超出预期。住户抽样调查数据显示，35个贫困户样本中有6户报告为危房，占比为17.14%，其中5户属于未经认定的自认危房。村问卷数据还显示，2015年和2016年，永顺村危房改造数量分别是5户和41户。永兴镇政府2018年8月提供的数据显示，永顺村2016年和2017年危房改造数量分别为44户和74户。因此，如果以2016年改造44户为准，则2015年至2017年永顺村危房改造数量合计达到123户。

利辛县的易地扶贫搬迁需求比较小。"十三五"期间，利辛县计划通过易地扶贫搬迁，完成建档立卡贫困人口2223户5755人的脱贫任务，仅占建档立卡贫困户的1.25%。2016年，全县实施了637户2010人的易地搬迁工作，同步搬迁375户1578人。目前永兴镇共有3个易地扶贫搬迁集中安置点：法堂安置点、解甲集安置点和诸王安置点。2017年，永顺村的12户30人易地搬迁至法堂安置点。其安置房布局集中、整齐，大部分为两户联建或独户，只有一排集中联建平房，包括一居室和两居室，主要提供给一人户或两人户居住。政府为搬迁户配置了光伏扶贫、医疗救助、社会兜底后期帮扶措施，但是发展性措施还不是很多。据相关负责人介绍，2017年安置点用地以1000元/亩的价格流转1年，2018年将以38700元/亩的价格征收，由镇政府从土地增减挂钩收益中部分出资。

6. 低保和五保

2017年，利辛县实行农村贫困人口扶贫标准、农村低保标准、五保保障标准"三线合一"，提高低保补差，达到4310元标准，确保解决兜底贫困户生活基本需求。对符合低保条件而没有纳入低保的群众，按照应保尽保、有进有出的要求，对新增低保对象实行"一户一照"制度，并建立诚信申报制度，实现动态管理、精准施保。同时切实发挥城乡医疗救助、临时救助、"救急难"等社会救助政策作用。永顺村的低保户数量比较少，2016年以来只有26户，并减少到25户，文化水平大部分为文盲或小学，其中的23户标注已脱贫（享受政策），2户未脱贫。五保户数量也非常稳定，三年来分别为35户、36户和37户。

第三节　永顺村的经验与不足

永顺村精准脱贫取得的成功，得益于一些可以做到、值得肯定、值得总结和借鉴的好的做法、经验。

一　多方协作是脱贫成功的关键因素

在利辛县调研中发现，当地县、镇、村级党委对扶贫工作十分注重，集合多方力量抓扶贫，各级政府工作都紧紧围绕扶贫工作展开。县级党委和政府发挥脱贫攻坚指挥部作用，以领导小组的形式组成一个统一主体，把全县所有重要部门聚拢在一起，制定统一的思路、政策、方案和行动计划，各相关部门和乡镇政府都是责任落实的主体。

镇党委、政府发挥积极的承上启下桥梁作用。对上，镇政府一方面要落实县里布置的各项任务，开展扶贫工作的日常管理；另一方面是上传下达，统筹分配政策资源，确保资源的适度均衡分配。对下，镇政府发挥了积极领导、协调和指导作用，包括领导各村工作，协助各村根据需要争取资源，在镇级权限内分配资源，为实际工作中的问题提供解决方案等。

在直接面对贫困村和贫困户的扶贫事务层面，村级的精准扶贫工作建立了村两委、驻村第一书记、驻村扶贫工作队以及贫困户帮扶责任人四支队伍。在第一书记的带领下，永顺村党建薄弱和组织涣散的情况有所改观，使得村集体班子能够集中精力开展精准扶贫工作。脱贫工作前期，村干部积极主动地探索扶贫工作的新路径；后期由于贫困村出列已经一年多，县级精准扶贫政策体系更加完善，村级精准扶贫"规定性"动作增多，"自选性"动作减少，村级干部主要负责落实工作。

二 驻村帮扶带来了大量资源和发展思路

在永顺村调研时驻村书记给我们留下深刻的印象。在王码村对接的驻村干部来自江苏省水利厅，尽管驻村干部也给王码村带来大量的资源，改善了王码村基础设施，为其奠定了脱贫基础，从工作实际来看，起主导作用的还是村两委在镇党委的领导下落实扶贫工作的具体事务。但是在永顺村，驻村干部则起到决定性作用。永顺村的包村帮扶单位是资源丰富、动员能力较强的安徽省公安厅。省公安厅派遣刘虎作为驻村第一书记兼驻村工作队队长；镇党政办公室副主任杨文光为副队长，镇政府工作人员李大新为成员[①]。

驻村工作队主要开展四个方面的工作：在村内走访座谈，征询村民对永顺村发展的建设意见、发展思路，熟悉村情民意；加强党建和基层组织治理，高效安排并落实扶贫工作；形成并落实发展思想——以土地流转推动农业产业结构转型，建立适度规模经营的农业示范产业，扭转农民传统种植观念；积极争取帮扶资金、资源。设立扶贫专干后，永顺村的驻村帮扶干部都是长期驻村，在任期内与原单位岗位脱钩，专职开展工作，对工作非常投入，而且带来了各自单位的资源和支持，还争取了不少社会资源。永顺村的基本发展思路基本上是由驻村帮扶干部提出的，当然也得到了村干部和镇政府的认可。不可否认的是，仅凭村干部，大概不会形成现有的发展思路。

三 产业导向的发展思路

目前永顺村已经形成了基本完整的精准扶贫架构，与全县的扶贫政策和思路基本一致。但是从村里实际工作开展角度来说，还是要区分轻重、主次。教育、健康、危房改造等基本上都是按条件自动匹配和分配的，无须花费太多心思去争取。而且由于永顺村贫困户中大部分缺少劳动力或只有病、残、老等半劳动力，所以产业发展间接带动是主要的脱

---

① 2018年刘虎离任，新一届扶贫工作队由孙皆安、杨文光（镇包点干部）、李勇（扶贫专干）三人组成。

贫路径，包括光伏收益、农场就业、公益岗位就业等，发展农业经营、通过帮扶外出就业的情况相对减少。2018 年开始发展的林业扶贫和扶贫就业驿站等项目为贫困户带来更为长远的收入保障。所以，永顺村自始至终坚持了以发展产业为主的扶贫和发展思路，把大量乃至主要精力用于建设生产性基础设施、规划扶贫产业基地、促进土地流转、吸引新型经营主体等方面。虽然产业发展过程中遇到了一些困难，但是总体上没有走大的弯路，没有大的损失。

不过在产业发展上，永顺村还有很长的路要走。永顺村未能充分盘活自身的优势资源，建立优势产业，现有产业发展更多依赖于政策性帮扶或转移支付作为投入，并没有建立起市场基础上的实体产业，这可能带来可持续发展的问题，即未能形成内生的发展能力，无法保证在没有政策支持下的自我循环机制。

四 非扶贫项目对精准扶贫起到助力作用

永顺村在 2016 年被评为省级美丽乡村建设示范项目，在其中的一个自然庄建设新中心村，鼓励周边自然庄住户向中心村集中。新村项目大约获得了将近 1000 万元的项目建设资金，资金主要由县城投公司通过"增减挂钩"机制提供，对于村里来说是"免费"的。这么大的投资力度无疑明显改善了村容村貌。新村建设、基础设施建设、危房改造等项目叠加在一起，对国家支持政策在村层面的落实起到了"1+1>2"的整体性增值效果，对精准扶贫起到助力作用。甚至可以认为，永顺村的建设起到了精准扶贫与乡村振兴有机衔接的示范作用。

五　县级精准扶贫政策体系形塑了村级精准扶贫架构

永顺村不是自己在战斗，永顺村的脱贫成就不完全是自己努力的结果，县、镇两级都有积极和重要的贡献。在几年的精准扶贫工作中，村级主体的角色逐渐发生了变化，由最初的四处出击找资源、找项目，苦思冥想找思路，到后来主要是执行好上级的政策和规划。例如公路建设，以前是谁下手快，就能获得更多的资金；现在则是有一个通盘的建设计划，对于村来说"排队"即可。在县级层面形成了"人有岗位、户有苗木、村有电站、县有龙头"的产业扶贫新格局，这个格局几乎完全映射到了永顺村，到2017年建成了5座光伏电站，林业扶贫在2018年启动并且全部完成。教育扶贫、健康扶贫、住房安全方面当然更是完全复制了县级政策框架。当然，永顺村现有的产业扶贫项目比县级架构更加丰富一些，主要体现在发展了一批自主经营的新型经营主体，这是前期得到县、镇两级积极支持的结果。所以，在永顺村的发展上，县、镇、村三级的协作效果是比较好的。

六　脱贫不脱政策是持续脱贫的重要保证

在永顺村我们见证了脱贫不脱政策的具体落实。除了未脱贫户的数量变化外，一切扶贫措施与以前没有区别，5座光伏电站中的2座、林业扶贫项目、扶贫就业驿站项目等都是在贫困村脱贫出列后实施的，2017年以后包村单位还按规定了派驻了一位新的第一书记兼扶贫工作队长。实事求是地说，根据贫困村出列标准，2016年底，永顺村实现脱贫，但是如果没有后续扶贫政策跟进，脱贫成效并不牢靠。2017年以来的扶贫工作确保了以前的扶贫项目和措施的持续推进、发展，的确起到了巩固脱贫成效的作用。

第六章

总结与思考

第一节　总结

　　2020 年江苏省十三届人大常委会第十三次会议宣布江苏省已实现脱贫 254 万人，脱贫率达到 99.99% 以上。可以说，江苏脱贫攻坚工作取得了巨大的成功，江苏的贫困线标准远高于全国标准，能够取得如此成效得益于各级党委和政府的领导以及扶贫工作人员的艰辛付出与努力。2019 年，王码村全部贫困户实现脱贫，在 2020 年最近一次的回访中，我们对几位贫困户进行了回访，贫困户的生活状况和心理状况都发生明显的变化，在感激的同时也开始对未来的生活充满了信心。

一 扶贫工作是事业，需要上下通力合作来完成

扶贫工作不仅是一项任务，一件需要做的工作，更是这个时代的一项伟大的事业。在深入到每个具体的微观农户主体的时候，可见到这项工作的伟大之处，不仅是从数字上看收入增加了多少，多少人脱贫了，更可以看到一个社会对弱势群体的照顾，实现人的最基本权利，反映了中国社会的进步和人的发展。

扶贫工作不是依靠某一个人、一个组织或一级政府可以做好的事情。王码村的脱贫，是全中国扶贫工作的缩影。中央、省级、市级党委和政府规划扶贫政策，再由县级、镇级党委和政府以及村两委来进行政策的具体设计与落实，在这过程中，中央是顶层设计者，省、市是各自辖区内的设计者，县是政策的细化者，镇是政策的落地者，同时参与这一工作的还包括各级政府部门与企事业单位。只有上下齐心、通力合作才能完成这一巨大的任务。

在江苏，省级政府规划"阳光扶贫"工程，确定了扶贫工作的政策导向和框架。在总体政策框架下，淮安市委、市政府责成市扶贫办牵头，联合统计局、国调队、民政局、卫计委以及人社局等单位对精准扶贫精准脱贫工作建立新的工作机制，加强建档立卡户的数据与民政、卫生计生、人社等部门互联互通、资源共享，这是实施精准扶贫的前提。在精准的基础上进一步实施具体的扶贫政策安排。基于省、市扶贫政策思路，淮阴区对政策任务进行分解并落实，依据淮阴区的资源及贫困状况，

将具体的产业扶贫、教育扶贫、就业扶贫等政策落地。镇级政府则是具体的操作员，比如产业扶贫，依据本地的资源，充分了解市场需求以及外部帮扶力量，选择具体的产业在本地落户。

二 产业发展是解决长期贫困的决定性因素

王码村之所以能摘掉经济薄弱村的帽子，是因为建立起符合当地资源优势的特色产业。对一个仅有 2500 多人小村庄来说，一个成功的小产业即可实现村庄脱贫。由于人口基数小，整体贫困人口少，集体经济的壮大带来的村级转移支付可以有效地改善贫困户的状况。

更重要的是，产业的发展可以让贫困人口实现就近就业，给他们带来持续的收入来源。王码村的瓜蒌项目就是结合自身的土地资源优势开发的，经过一期和二期的建设，项目已经粗具规模，带动效应也开始显现。

三 外部帮扶力量是脱贫的启动力量

江苏省水利厅以及河海大学分别派驻 2 位和 1 位驻村扶贫干部进行对接。江苏省水利厅是王码村对接扶贫单位，在对接扶贫期间为王码村提供大量的帮扶资金，为王码村生产生活设施的改善提供了极大的支持。江苏省水利厅的帮扶是王码村启动脱贫工作的第一步，资金支持与基础设施的改善、村容村貌的改观都是水利厅支持的结果。

除江苏省水利厅之外，淮安市"阳光扶贫"工程的重要举措之一是财政人员的结对子帮扶政策。作为结对子单位，淮阴区交易中心与本村 12 户贫困户结对子帮扶脱贫，改善了贫困户的生活条件。

永顺村也是同样的例子，安徽省公安厅投入的大量智力和物力资源是永顺村摆脱贫困的主要原因。通过驻村第一书记刘虎的努力，永顺村积极争取到来自帮扶单位、其他爱心企业、各类公益基金组织、利辛县涉农各部门的大量资金和项目，用于永顺村建设和发展。这些项目和资金的落实，极大改善了永顺村群众的生产生活条件，提升了党组织在群众心中的形象，奠定了产业发展的基础，有力地保证脱贫攻坚工作顺利开展。

四 福利与政府转移支付是补充，但容易形成依赖

福利与政府的转移支付形式多样，是很多贫困地区脱贫的主要推动力量。以王码村为例，医疗保险以及向贫困户倾斜的报销政策，使贫困户的医疗支出减少，增加了贫困户的实际可支配收入。

淮阴区对全区建档立卡户子女就学从幼儿园到大学分阶段进行补助。根据淮阴区教育扶贫政策，王码村贫困户总计获得政府教育补助 11125 元，户均收到教育补助 206 元。

金融扶贫政策上，淮阴区持有《低收入农户证》的贫

困户均可到所在地的农商行申请小额扶贫贷款，单户申请额度不超过 5 万元，贷款期限最长不超过三年，在规定三年期限内还贷的将享受 50% 贴息，区政府给予另外 50% 贴息。2018 年王码村总计 11 户申请小额扶贫贷款，总计申贷资金 55 万元，获批 55 万元。

最低生活保障、财政兜底扶贫政策上，淮阴区政府将老年人、残疾人以及未满 16 周岁的未成年人（如果无劳动能力、无生活来源也无法定赡养抚养的）均纳入特困人员救助供养范围。淮阴区的供养标准为散居供养 7320 元 / 人·年，集中供养标准为 8120 元 / 人·年。目前王码村无集中供养的养老院，以上人员均为散居供养，供养标准为7320 元 / 人·年，凡被纳入集中供养名单中的贫困户均实现脱贫。

低保政策上，将人均家庭收入低于户籍所在地最低生活保障标准的居民均纳入低保户范围，具体补贴标准为农村居民按照实际人均收入与每月人均 520 元的差额进行补齐发放。2018 年全村贫困户中低保户人口有 43 人，按照目前的低保补贴标准可达 6240 元 / 人·年，超过人均收入6000 元的低收入贫困线。2019 年这部分低收入群体在这一保障政策下实现脱贫，但这种脱贫是暂时性的，缺乏可持续性，容易返贫。

五　扶贫需要带路人

扶贫工作是一项系统性工程，由高层设计，最终需要落实到乡镇基层党组织的行动上。基层党组织的执行力、因地制宜的应变力和扶贫思路的创新力将直接决定扶贫政策的效果，决定是应对式以福利为主的短效扶贫还是以建立内生发展能力为主的长效脱贫机制，前者可能会出现虚假脱贫和返贫，后者不但可以真实脱贫，而且会带来基于内生动力的持续发展。

王码村是原西宋集镇下辖村，目前西宋集镇已并入徐溜镇。原西宋集镇领导班子在坚决贯彻党中央精准扶贫思想和政策的基础上，创新工作思路，多角度实施扶贫政策，盘活镇内资源，着力打造产业，为王码村以及西宋集镇整体脱贫奠定了坚实的产业基础。

在范晓东书记工作期间，西宋集镇连续两年在淮阴区差别化目标考核中获一等奖；在党的建设、招商引资、农业农村、政法综治等多项工作方面连续两年被评为先进集体；社会治理工作得到淮安市委常委、政法委书记的肯定和区委书记的专门批示。2018 年，范晓东书记本人获全国脱贫攻坚奖，这既是对他扶贫工作的认可，也反映了他扶贫工作的成效。

第二节　问题与思考

江苏省这样的经济比较发达的东部省份，在脱贫攻坚方面并不发愁。除了中央政府的财政补助，当地政府也能拿出不少财政补助。以王码村为代表的苏北农村，从 2016 年到现在，经过近 5 年时间的脱贫攻坚，建档立卡的低收入农户获得了实实在在的收益。

一　扶贫工作中存在的问题

1. 转移支付与福利支出仍然是脱贫的主要保障

在王码村脱贫工作中存在的一个比较突出的问题是虽没有虚假脱贫，但存在着数字脱贫的风险，脱贫线为人均年收入 6000 块钱，各级政府想方设法增加农民收入，帮助农民脱贫。

在"两不愁、三保障"得到满足的情况下，王码村已无绝对贫困，只有相对贫困。如果总是以某一条收入线作为贫困标准，随着标准提高现有的转移支付与福利水平下的脱贫户将会再度陷入"数字贫困"。因此，数字脱贫不能解决长期的贫困现象，对于农村精准扶贫应该发展和壮大集体经济，增强贫困户获得持久收入的能力；激发贫困户的内生发展动力，需要根据贫困的原因区别对待、因户施策，提高政策的针对性，自身发展一批，政府保障一批，容忍相对贫困，消除绝对贫困。

2. 对脱贫的认可度不高

大量的低收入人口被纳入建档立卡贫困户中，享受到了国家的优惠政策，但他们对政策的认可度并不像想象中的那么高，已经脱贫了的建档立卡户对自己脱贫的认可度为 60%~70%。这是由于农民享受到的社会保障的力度比较小，极力表现出自己生活还很困难，希望这些扶贫政策能够延续下去，获得较大的社会保障力度。例如有一位区领导在中秋节刚刚慰问过一户贫困户，镇领导回访时问这户贫困户有没有人来慰问过，这户贫困户说没人来，从来就没人来过。而区领导送来的新被子就摆在床上。虽然脱贫不脱政策，贫困户在脱贫"摘帽"后还会继续享受扶贫的政策，但贫困户并不相信政策的延续性，不认可脱贫工作。

3. 对扶贫政策理解不到位

很多贫困户对政策的理解存在困难，虽然享受了很多扶贫政策，但对自己享受的政策"不知道""说不清"。因此，要解决这个问题，就要在宣传工作、解释工作上多下功夫，要多花一些精力将扶贫政策解释清楚、宣传到位，让群众认可扶贫的政策和工作，从而化解村镇干部与群众之间的不信任感[①]。

4. 贫困户脱贫积极性不高

扶贫产业项目落地后，按照江苏省扶贫办的要求，以不低于 50% 的项目收益给建档立卡户分红，平均每户能

---

① 个别贫困户甚至以是贫困户为荣，向村、镇提不合理要求，得不到满足时便会说是他们"贪"了。

分到 2000 多块钱，这时候村委就发愁，有些贫困户拿到分红后，就不去扶贫产业里做工了，直到把钱花光才回来继续做工。在就业扶贫上，对建档立卡贫困户进行就业培训的时候，注重考核培训的贫困户的数量，但培训完之后的就业比重很少被纳入扶贫考核标准，政府层面在就业培训上花费很多（建档立卡贫困户接受就业培训每天补助 50 块钱），但效果并不理想，除了培训的内容缺乏针对性外，很大程度上是因为贫困户的脱贫积极性不高。因此要建立扶贫的长效机制，就需要想办法将贫困户的思想转变过来，这也是扶贫过程中遇到的最难的问题，也是最值得动脑筋的问题。

为了解决脱贫攻坚中的上述问题，王码村和合并后的徐溜镇政府探索出一系列比较成功的经验和做法。

1. 以扶贫项目做支撑，增强贫困户的获得感

通过农业项目、工业项目、固定资产投资项目，让贫困户获得一份相对持续稳定的收益，得到实实在在的实惠。

将发展扶贫项目与发展村集体经济结合起来，努力增加村集体收入，将村集体经济收入新增财力的 60% 用于民生方面。如王码村的隔壁村洪北村，通过引进企业的分红，增加了村集体收入，用集体收入将所有村民合作医疗的自费部分承担起来，消除了因病致贫的隐患，村民在与周围村的比较中有了较强的获得感，对于发展村集体经济也有兴趣了。

2. 以工业项目和固定资产投资补充农业项目

为了降低农业项目带来的经营风险，王码村和徐溜镇转变思路，尝试通过工业项目和固定资产投资来助力脱贫攻坚。在镇里利用工业用地建设小型的工业项目，将这些工业项目的收益作为贫困户收入的稳定来源，事实上也取得了比较好的效果。徐溜镇2019年在工业企业的厂房顶上建了三个光伏项目，装有光伏的工厂企业优先使用光伏发的电，对企业来说，光伏项目将原先1.13元每度的电费降低到7毛钱每度，对村里来说，有2~3毛钱的收益，并且这种收益是可持续的，因为光伏电板的发电寿命是20年。这样村里每年固定能从工业企业里结算10万块钱左右的电费收益。

除了工业项目，徐溜镇还投资了固定资产，由资产收益带动扶贫。例如淮阴区的城市名人酒店项目，购买城市名人酒店的房间（50多万一间），一间房间每年可返还分红3万多块钱，购买酒店房间最多的村已经购买了五间，一年可以收入十几万块钱。徐溜镇有6个村还在淮阴的高新区购买了企业厂房，厂房每年也产生不少租金收益。徐溜镇还做了两个试点项目，在由农业大户沪江牧业经营的项目里投资入股，不参与经营，只购买猪舍，再将猪舍出租给大户，每年的收益有21万元；在志和养鸭厂，用105万元购买了三栋鸭舍，鸭舍里的设施设备一概不要，只购买固定在地上的资产，每年可以获得12万元的租金收益。相比于农业种植项目，这类固定资产项目的收益是比较稳定的。

二 一些思考

在王码村的调研包括本稿的写作前前后后历时三年左右，从前期最早村庄选取调研，到大规模调研，到后来不断进行的补充调研，课题组三年内去王码村总共七次，与村支书、镇党委书记以及扶贫专干和驻村干部进行过多次交流，见证了王码村和西宋集镇扶贫脱贫的过程和基层干部实干、苦干的工作作风，也被他们半夜12点还在布置第二天工作的精神深深打动。幸运的是，他们努力工作，齐心合力，改变了王码村，顺利摘掉经济薄弱村的帽子。

王码村已于2017年整体脱贫，2019年全部贫困户实现脱贫，但无论是对集体还是对脱贫的部分贫困户来说，目前的脱贫依然是脆弱的。从脱贫的主导产业来看，由于前期只发展了瓜蒌项目，王码村的村集体经济收入来源还是比较单一的。瓜蒌产业的上下游都被其他地方把持，王码村两头够不着。瓜蒌苗在安徽苗木市场被大户垄断，他们掌握了瓜蒌苗的定价权。种植收获后，收购瓜蒌的仍然是当年卖苗的人，王码村只负责种植，导致瓜蒌项目的收益并不高，并且种植规模越大承担的市场风险也越大。瓜蒌项目要获得更高的收益，就需要进行深加工，但王码村一无再投入资金，二无技术，三无人才，导致无法获得市场优势。目前，瓜蒌第一期苗达到年限，需要继续投入新的苗，这对村集体来说是个沉重的负担。

另外，人才也是个不得不提的问题。从村领导层面来看，村两委成员年龄偏大，党支部中60岁以上5人，

50~60 岁 1 人，40~50 岁 3 人，30~40 岁 1 人。除去交叉任职重合成员，村委 60 岁以上 3 人，50~60 岁 1 人，40~50 岁 2 人，30~40 岁仅 1 人。村两委成员文化基础较薄弱，从学历层次上看基本为高中及以下，学历层次偏低。从任职者身份来看，除一人为医生外其余均为农民，缺乏专业技能人才。村中人才有限、技术有限、思路有限，年轻人不愿意为村庄发展贡献智力和精力[1]，年龄结构的老化带来思维的僵化，人们对新事物接受速度慢，跟不上时代发展的要求，很难在产业发展上有创新能力。[2]

由此可见，王码村的村干部队伍在可预见的未来仍然会面对这一问题。因此，徐溜镇在积极为贫困村选拔后备干部，选拔一些有一定文化基础，而且愿意扎根农村为农民提供服务的年轻人，作为村干部的后备人选。但后备干部的培养不是一朝一夕的事，目前对王码村来说，在缺乏人才的情况下发展农业项目还有一定的风险，例如通过土地流转发展的蔬菜大棚项目就失败了，来承包蔬菜大棚的是个外行，把大棚设施和土壤都搞坏了，经营不下去成了"老赖"。

总之，王码村脱贫在大背景下是必然的，但是由于内生发展后劲不足，缺乏人才尤其是年轻人，这种脱贫难以承受市场风险和政策变化的风险，仍然存在特定情况下返

---

[1] 年轻人不愿留在村内主要是因为村干部报酬实在太低，如果没有良好的发展前景，年轻人是不可能留在村内的。

[2] 不仅仅是王码村存在人才的问题，在徐溜镇，或者说在众多的基层组织中都存在这一问题。2019 年在徐溜镇扶贫办与我对接的两个年轻大学生一个被调入上级部门，一个考入其他地区。

贫的可能。脱贫需要首先建立内生的发展能力，外生的帮扶措施、各种转移支付和福利仅仅是助推剂。王码村的未来发展需要依靠自己盘活资源，凝聚村民集体力量，我相信在党和政府的领导下，王码村一定会有一个美好的未来。

参考文献

阿马蒂亚·森:《以自由看待发展》，中国人民大学出版社2002。

曹芳、杨友孝:《中国农村贫困地区可持续发展的制度分析》，《中国人口·资源与环境》2004年第4期。

楚永生、张蕴萍:《农村公共物品供给制度缺陷及化解对策——基于乡村治理视角分析》，《理论学刊》2006年第12期。

谷洪波、吴克明:《我国农村贫困的形成机理及政策选择》，《湖南师范大学社会科学学报》2004年第1期。

韩华为、徐月宾:《中国农村低保制度的反贫困效应研究——来自中西部五省的经验证据》，《经济评论》2014年第6期。

郇建立:《扶贫政策与农村贫困》，《北京科技大学学报》(社会科学版)2003年第1期。

郇建立:《国家政策、农民与农村贫困——一个"结构化理论"的视角》，《北京科技大学学报》(社会科学版)2007年第3期。

胡联、孙永生、王娜、倪国华:《贫困的形成机理:一个分析框架的探讨》，《经济问题探索》2012年第2期。

胡联、孙永生:《贫困的形成机理研究述评》，《生态经济》

2011 年第 11 期。

刘明宇、黄少安:《解析农民面临的"制度性贫困陷阱"——对农村经济制度的历时关联和共时关联分析》,《西安电子科技大学学报》(社会科学版)2004 年第 3 期。

罗兴佐:《完善驻村干部制度助推乡村振兴》,《中国农业大学学报》(社会科学版)2019 年第 36 期。

刘玉龙:《农村贫困的制度性分析》,《兰州学刊》2005 年第 1 期。

彭新万、程贤敏:《脆弱性与农村长期贫困的形成及其破解》,《江西社会科学》2015 年第 9 期。

檀学文、栾敬东、施海波等:《精准扶贫精准脱贫百村调研·永顺村卷》,中国社会科学文献出版社,2019。

檀学文等:《霄坑是怎样炼成的——安徽省霄坑村调查》,中国社会科学出版社,2013。

王国敏、张宁、杨永清:《贫困脆弱性解构与精准脱贫制度重构——基于西部农村地区》,社会科学研究,2017 年第 5 期。

王奕、陈寅瑛:《农村贫困代际传递链的形成机制研究》,《北方经济》2013 年第 12 期。

徐小言:《农村居民"贫困 – 疾病"陷阱的形成分析》,《山东社会科学》2018 年第 8 期。

袁文平、汪诗萍、宋莎莎:《农村贫困代际传递研究进展》,《农业展望》2015 年第 7 期。

祝建华、陈林:《贫困脆弱性的形成机理与消减策略》,《学习与实践》2018 年第 12 期。

张蕴萍:《中国农村贫困形成机理的内外因素探析》,《山东社会科学》2011 年第 8 期。

Galderon, C.and L. Serven，"The Effects of Infrastructure Development on Growth and Income Distribution"，Washington D.C., The World Bank, LACVP, Processed,2004.

Raghav Gaiha, Katsushi Imai, "Do Institutions Matter in Poverty Reduction?"，UNU-WIDER, 2005.

后　记

　　伴随最后这段话，为期三年的《精准扶贫精准脱贫百村调研·王码村卷》即将完成。此次调研持续时间长、村庄位置偏远，在未脱贫时，大部分通村道路是狭窄的土路，天晴时尘土飞扬，下雨时泥泞不堪，在村内大规模调研时还出现车陷入稻田无法脱困的情况。在驻村调研中，入住的爱心驿站其实是无家可归人员收留处，无自来水也无厕所，女孩子半夜被老鼠蟑螂吓得大叫。但不管过程有多艰辛，最终完成调研报告，内心的喜悦是难以言语的。

　　整个调研中，课题组总共赴王码村七次。第一次是选择村庄对象，第二次是为大规模入户调研做前期准备工作，第三次是大规模入户调查，第四次是补充调研，第五次是进行村庄典型案例的调研，第六次是村庄典型案例的脱贫户专访，最后一次是回访。除大规模入户调研外，其余六次均为本人从江苏无锡自驾车往返，来回全程800余公里。其中艰辛可想而知！

　　感谢在调研中一路陪伴的人员，他们是江南大学的汤卫君博士、戴越博士、薛鹏博士，淮阴师范学院的唐步龙博士，中国社会科学院的张宗帅博士，还有江南大学商学院的杨静明硕士、林琳硕士和金融 2017 级董艳梅同学，淮阴师范学院的朱方圆同学、查子轩同学、宴娇娇同学、邵颖颖同学、范黄健同学。感谢原西宋集镇党委书记范晓东同志，不仅是调研的联络人，也是调研的访谈对象，是调研任务圆满完成的保证。感谢王码村村支书倪前奋书记、王兆亚委员和吴同虎主任，谢谢你们踩着泥泞的道路将我们的调研人员领进调研对象家中，同时还充当翻译。

在多达七次的往返中，我与西宋集镇的部分党政领导、王码村两委工作人员以及一些受访的农户结识，有的则建立起了良好的友谊。原西宋集镇党委书记范晓东现任丁集镇党委书记，他待人接物的态度，积极、严谨的工作作风和开拓性的思维给我留下深刻的印象，在回访时我们专程拜访了他。丁集镇是知名的黄瓜产地，在他的带领下，丁集镇正在将散户单兵作战的粗放型黄瓜生产模式转向精细化、集约化、智能化、规模化的生产方式。我们还参观了他的示范大棚，一个高科技的黄瓜生产基地正在以全新的面貌展现。

不知道这本报告能够给王码村带来什么，但是有一点可以确定，随着报告的出版，王码村将会被更多的人知道。作为东部地区被选入的调研对象，其与中西部地区的贫困有不一样的特征，脱贫的思路也有不一样的特点，更多的细节和区别可能需要更多的比较与探索才能够发现！

最后，再次感谢所有的参与者，感谢审稿专家！

徐海俊

图书在版编目（CIP）数据

精准扶贫精准脱贫百村调研. 王码村卷：苏北解决
相对贫困实例 / 徐海俊等著. -- 北京：社会科学文献
出版社, 2020.10
　ISBN 978-7-5201-7510-4

　Ⅰ. ①精⋯　Ⅱ. ①徐⋯　Ⅲ. ①农村–扶贫–调查报告
–淮阴区　Ⅳ. ①F323.8

中国版本图书馆CIP数据核字（2020）第208991号

·精准扶贫精准脱贫百村调研丛书·

精准扶贫精准脱贫百村调研·王码村卷
——苏北解决相对贫困实例

著　　者 / 徐海俊　檀学文　范晓东　董艳梅　张宗帅 等

出 版 人 / 谢寿光
组稿编辑 / 邓泳红
文稿编辑 / 王　展

出　　版 / 社会科学文献出版社·皮书出版分社（010）59367127
　　　　　地址：北京市北三环中路甲29号院华龙大厦　邮编：100029
　　　　　网址：www.ssap.com.cn
发　　行 / 市场营销中心（010）59367081　59367083
印　　装 / 三河市尚艺印装有限公司

规　　格 / 开　本：787mm×1092mm 1/16
　　　　　印　张：10.5　字　数：102千字
版　　次 / 2020年10月第1版　2020年10月第1次印刷
书　　号 / ISBN 978-7-5201-7510-4
定　　价 / 59.00元